U0940356

# 河南省基督教爱国人物史迹

唐卫民◎主编

宗教文化出版社

图书在版编目（CIP）数据

河南省基督教爱国人物史迹 / 唐卫民主编 .

-- 北京 : 宗教文化出版社 , 2024.1

ISBN 978-7-5188-1590-6

Ⅰ . ①河… Ⅱ . ①唐… Ⅲ . ①基督教—人物—生平事迹—中国

Ⅳ . ① B979.92

中国国家版本馆 CIP 数据核字 (2024) 第 014373 号

河南省基督教爱国人物史迹

唐卫民　主编

出版发行：宗教文化出版社

地　　址：北京市西城区后海北沿 44 号　（100009）

电　　话：64095215（发行部）　64095234（编辑部）

责任编辑：卫　菲

版式设计：张尹君

印　　刷：河北信瑞彩印刷有限公司



版本记录：880 毫米 ×1230 毫米 32 开 4 印张 80 千字

2024 年 1 月第 1 版　2024 年 1 月第 1 次印刷

书　　号：ISBN 978-7-5188-1590-6

定　　价：35.00 元

# 目 录

# 为营救西路军将士献身的基督教爱国人士

## ——烈士高金城牧师

唐卫民

他是一位虔诚的基督教爱国志士，他热爱祖国、热爱人民，是中国共产党的忠实朋友；他是一位医术高超的医生，早年担任冯玉祥部队伤兵医院院长。1937 年，营救中国工农红军西路军被俘和失散流落将领、战士的艰巨使命落在他身上，他利用自己的院长、牧师身份和广泛的社会关系，为营救工作做出了重要贡献。1938 年 2 月 3 日，惨遭反动军阀杀害，年仅 52 岁。他就是著名革命烈士高金城牧师。

### 一、生于寒庐，立志悬壶济世暖杏林

高金城，字固亭，1886 年 11 月 1 日出生于河南省许昌市襄城县麦岭镇高庄村。祖父和父亲高全福都是以务农为生，高金城是家里的长子，另有两个弟弟：高学城和高郁亭。因幼时家庭贫穷，为了生计，他作为长子，11 岁时就在本乡基督教福音堂做勤杂工。他为人诚实、做事认真，有一次在打扫传教士赵立民房间时，拾到一枚金币，随即归还，因而得到了信任。赵立民帮助他到县基

督教内地会学堂学习。中学毕业后又保送他到开封基督教内地会福音医院勤工俭学，一边做些护理病人及其他辅助性工作，一边拜英国医学博士金存仁和柯维则为师，学习医术。开封内地会福音医院要求很严格，需要学习五年，再到医院实习五年才能行医。高金城在开封福音医院学习了五年，他聪慧好学，精通英语、德语与拉丁语，以优异成绩完成了所有医学科目的考试，取得了正式毕业证书。这时的高金城不但是一个对基督教教义理解颇为深刻的信徒，而且也是一位在医学界很有名气的医生，雏鹰展翅欲高飞。在开封学成后，高金城返回故乡襄城的福音堂，被按立为牧师，在传播教义的过程中，他亲眼目睹了乡村百姓缺医少药的艰难处境。于是，他又虚心向襄城老中医学习，练就中西医结合的本领，尽其所能地为乡亲们治疗疾病，解决乡村百姓的疾苦。晚清时期的河南灾荒频发、民不聊生。高金城本着基督徒医生救死扶伤的天职，创办襄县福音医院，不以盈利为目的，大爱无涯济苍生，不少困难群众在这里免费得到救治。家人为其取名“固亭”，就是希望他成为路人遮风避雨的亭子，舍小家顾大家，不求索取只求奉献。因此，他践行自己的信仰，以博爱为怀，服务百姓，成就父母对他的殷殷教诲和期盼。

## 二、济世救人，受到陇西人民的拥戴

1917 年，远在甘肃兰州白塔山下的一所教会医院——勃德恩医院因院内人手紧缺，向河南教会求援。河南基督教内地会推荐了高金城，高金城欣然应邀，只身远赴陇上。他先在兰州教会医院工作，继而西行到甘肃河西走廊的张掖、酒泉等地，创设福音堂医院。当时的兰州乃至甘肃全省，医疗条件非常落后，医务人员也极其缺乏。一些普通百姓一旦患上了疾病，只好求助于巫婆神汉，这些人趁机勒索病人家属，利用迷信草菅人命。病人既损失了家财，又耽误了病情，落得人财两空。高金城看到这种情况后，一种医生和牧师的责任感和使命感油然而生，他意识到不能在勃德恩医院坐诊等候病人，而是下决心走遍甘州（今张掖）、肃州（今酒泉）、凉州（今武威）及河西走廊一带，做一名济世救人的医生和传道员。此后，高金城带领护士助手，肩扛手提各种医疗器具和药品，遍游河西走廊。每到一处，他总是把传播福音和医治病人结合在一起，广泛结交社会各阶层人士。为了方便河西百姓就医，他先买下了北水桥街的两处院子，又在南门外买了 17 亩地，亲自建窑烧砖，并从河中捡来一块块石头运回来，在甘州、肃州等地相继开办了福音堂教会医院。在教会医院，高金城想方设法地为当地尽量多培养一些医务人员。他对普通百姓的感情非常深厚，对贫穷病人常常不收取医药费，对远乡求医的农民管吃管住，尽其所能为民行善。由于医术高明、医德厚重，高金城在甘州民众中树立了很高的威望。

高金城到黑河上游一带的龙渠出诊时，发现当地农民饮水非常困难。回来后，他就去拜访当地的县长，反映农村生产生活用水困难，建议动员民众开挖一条水渠，解决农民用水困难。县长采纳了他的建议，组织当地群众捐款出工，凿山打洞，修渠引水。几个月后，修通了一条数里长的水渠，清澈的河水流入农民的田地中，当地百姓给这条水渠取名“龙渠”，并给高金城送去了一个“济世救人”的匾额。

三、医术高明，积极参加抗战医疗队

1922 年，高金城代表河南基督教内地会应邀赴上海参加基督教全国代表会议，积极探索中国基督教本色化之路径。在返豫途经开封时，因医术高明，被冯玉祥邀请在开封担任伤兵医院院长。后任国民军后方医院院长。高金城把在甘州积蓄的药品、医疗器械全部捐给了国民联军。在此期间，他结识了吉鸿昌、浦化人、余心情、吴波等人。1930 年，高金城应邀担任北京协和医院外科医生。1932 年“一·二八事变”爆发，十九路军浴血上海滩。高金城结发妻子武建兰因病不幸去世，留下四个未成年的孩子，民族的忧患、民众的疾苦、牧师的担当，使他毅然把四个幼子寄养在北京香山慈幼院，积极参加北京协和医院组成的战地医疗队前赴上海支持十九路军抗日。在战地，日军派出 60 多架飞机狂轰滥炸，高金城每天冒着炮火舍生忘死奋力救护伤员。在上海他曾遇到一位外国朋友，这位朋友指责他说：“你是以博爱为本的基督徒，怎么能参加战争？”高金城牧师抑制不住胸中的怒火，驳斥他说：“日军杀害我的同胞，我是中国人，为什么不能抗击侵略者？”在亲身经历中，高金城切实悟出没有国也就没有家的道理，切实悟出基督教必须脱离西方教会的控制、实现教会自立才会有出路。1934 年，他又回到了阔别多年的兰州，租赁齐鲁会馆办起了福陇医院。不久，他向韩起功索要被其军队占用的福音堂和福音医院。他扎根在百业萧条、荡析流离的陇西，造福当地百姓。

## 四、肝胆相照，冒死营救失散红军

1937 年春，渡河西征的红西路军，在河西遭强敌围攻，终因力量悬殊而失败，数以千计的伤病员、失散人员流落河西、青海等地。西路军总指挥徐向前、政委陈昌浩、组织部长张琴秋等下落不明。党中央和毛泽东主席、周恩来副主席、朱德总司令、叶剑英参谋长等对营救失散人员非常关心。南汉宸、张文彬根据党的指示，决定派人到河西去，组织力量进行营救。

因河西刚打过仗，外人进去很难立脚，因此必须找一位思想进步、政治可靠、社会基础较好的人完成任务。经吴波推荐，1937 年 5 月，张文彬、彭加伦建立红军驻甘办事处时，与高金城取得联系，高金城慨然答应去河西营救西路红军。8 月 1 日，党中央代表谢觉哉，八路军驻甘办事处处长彭加伦、秘书长朱良才在五泉山一个茶馆里，秘密会见了正义爱国、性情刚直的高金城，进一步商讨去甘州营救西路军的具体办法，并由谢觉哉提请国民党甘肃省政府主席贺耀祖任命高金城为甘、凉、肃三州抗敌后援会主任。8 月 7 日，高金城肩负着光荣使命到达张掖，此后便以甘、凉、肃抗敌后援会主任的身份，广交各界人士，申明恢复福音医院，接受抗日伤病员住院治疗，并在他的建议下，在大佛寺召开了抗日动员大会。他在讲演中，痛斥日本帝国主义抢占东三省，佩服共产党在“西安事变”中捐弃前嫌的伟大举措，强调国共合作、建立抗日民族统一战线等。随后，他以重新开办福音医院为名，要回了被韩起功伤兵医院占用的福音堂。同时，他还召集以前受培养的徒弟张明新、陈大伟、张玉秀等关闭各自的诊所、药店，重回到福音医院工作，协助寻找流散红军。不久，他与流散红军临时党支部取得了联系，向他们传达了党中央的关怀以及“西安事变”后的形势和党在兰州建立八路军驻甘办事处的情况。高金城还以缺少护理人员为由，向韩起功要回了女红军王定国、徐世淑、苟正英等。高金城为寻找红军失散人员，以行医为名，遍访红军战斗过的地方，足迹走遍祁连山脚下的龙渠、甘浚、倪家营，直至祁连山腹地的康隆寺。与此同时，他还利用甘、凉、肃抗敌后援会主任的公开身份，做一些地方上层人士的工作，特别是争取到较为开明的张掖县县长马鹤年的帮助。他利用和马鹤年的旧交关系，寻找各种机会掩护红军流散人员返回兰州。短短几个月里，先后有 300 多名被俘、流散红军得到营救，一批批被送到兰州，辗转回到延安。

他以福音医院为掩护，收容、治疗失散的西路军伤病人员，医院后门专供他们出入。高金城牧师为伤病员买布做衣服并提供各种生活用具。经治疗能走的就提供给他们路费寻找八路军办事处；伤残严重不能走的，则设法转移，绝不遗弃。高金城还在医院配制了一些治疗冻伤的药膏，安排医生张秀玉走街串巷，发放给流落的红军。

在高金城的精心部署下，那时的福音堂医院实际上已成了张掖地下党的秘密联络点和伤兵医疗站。地下党组织在这里召开会议，研究制定营救策略和行动方案。高金城还办起了一座孤儿院，专门收容流落街头的红军后代。为了寻找红军领导干部陈昌浩，他带上药品、器械，走遍了张掖、民乐、临泽各县农村，除了弄清了陈昌浩的情况外，高金城还了解到张琴秋被关押在青海西宁、黄鹤显等人被关押在凉州。高金城还冒险到甘州监狱探望被秘密关押的刘瑞龙、魏传统等红军干部，并及时将这些情况向中央作了汇报，由中央进行营救（这些红军将领都在国民党押送南京，或者秘密处死名单之列，由于党中央了解到红军干部的下落，并向国民党要人，刘瑞龙等被释放）。

1937 年 9 月，彭加伦电告高金城，张掖南山隐藏红军很多，要设法营救。高金城冒着生命危险，同民乐县洪水区区长兼民团团长孙振铎进行交涉，向他说明红军是抗日部队，并情真意切地说："我把这封电报作抵押，我愿意以身家性命作保，如不相信，用这封电报便可将我的人头拿去。"[①] 孙振铎受感动，允许他进入该地区收容红军。于是，高金城派人携带 100 多张写好的"红军改编为十八集团军，在兰州设有办事处，朱良才在那里接应你们"的传单，进入洪水区，向流散红军散发。红军接到传单后，纷纷向兰州进发，由"八办"负责送回延安。

## 五、虽死犹生，血洒祁连，爱党、爱国、爱教的典范

高金城的出色工作，引起了敌人的警觉。时过不久，敌军

① 陈金荣、姚兴宏主编：《祁连忠魂——高金城》，兰州：高金城烈士纪念馆，2012 年 4 月第 1 版，第 11 页。

察觉了福音堂医院的秘密。1938 年春节过后，高金城与临时党支部商议，决定将支部成员分批撤离。不久，韩起功部下一位处长要求高金城交出红军，甚至威胁准备暗杀他，让他迅速离开张掖。高金城坚定地说："我是医生，是治病救人的，你们有枪打死我都行，病人不能带走。"[①] 他认为自己担负的任务尚未完成，故把个人安危置之度外，继续设法营救流散红军。2 月 3 日 ( 正月初四 ) 凌晨，高金城牧师刚刚安置好从祁连山出来的 19 名伤残红军，韩起功派中校副官马兆祥，谎称"韩师长得了急症，请高院长出诊"，将他骗到 100 师司令部。韩起功逼他交出红军名单，交待放走了多少红军，交出甘州地下党的机密。高金城大义凛然，临危不惧，赞扬共产党爱国爱民，是抗日救国的民族英雄，痛斥韩起功反动派是民族败类，韩起功是嗜杀成性的土匪、刽子手。韩起功恼羞成怒，命令断其四肢，高金城忍受着巨痛，仍严厉痛斥，拒绝提供红军名单，最后被秘密活埋在张掖大衙门后花园里。

韩起功害怕杀害高金城的事情泄露出去会引起爱国民众的不满，遭到抗日舆论的谴责，所以他极力隐瞒高金城牧师被害真相。高金城牧师失踪后，党中央派谢觉哉、伍修权等四处寻找高金城的下落。时隔 11 年，直到 1949 年才最终得知高金城为了人民革命事业已光荣牺牲。

1949 年秋，张掖解放。中国人民解放军第一野战军第一兵团司令员兼政委王震、二军政委王恩茂专程探望了烈士遗孀牟玉

① 陈金荣、姚兴宏主编：《祁连忠魂——高金城》，第 117 页。

光。[①]同年8月兰州解放后，牟玉光来到张掖，继承丈夫的遗志，再度开福音堂医院。后来，牟玉光将福音医院的所有设施捐献给了国家。1951年，甘肃省人民政府追认高金城为革命烈士，同时，国家内务部决定在张掖原福音堂旧址修建烈士纪念塔。高金城用自己的鲜血和生命，为营救红军将士立下了不朽的功勋。

1952年2月3日，中共甘肃省委在张掖召开纪念高金城遇难14周年大会。谢觉哉、伍修权、朱良才、彭加伦以及中共甘肃省委书记张德生、副书记孙作宾等领导同志和当年被高金城营救的西路军干部魏传统、李开芬、王定国、杨淑兰、万子英、刘德胜等都送了挽联，表示悼念，颂扬高金城的功绩。老红军王定国动情地评价："高金城烈士对共产党有深厚的感情，对党所委托的工作认真负责，他牺牲时虽然不是共产党员，但实际上已经具备了一个革命者的崇高品质和献身精神……"[②]1998年，甘肃省政府还将中国工农红军西路军烈士张掖纪念馆改为高金城烈士纪念馆。2009年，高金城烈士纪念馆又被中宣部等四部委列入全国免费开放的爱国主义教育基地，以此缅怀这位基督徒爱国志士。

2012年3月3日，中央电视台电视剧频道播放了30集电视剧《大营救》，讲述爱国烈士高金城受党中央的委托，奋力营救红西路军，遭到敌人残忍杀害的真实故事。

既是烈士，又是医生的高金城牧师，用自己的鲜血和生命

---

① 陈金荣、姚兴宏主编：《祁连忠魂——高金城》，第14-15页。

② 陈金荣、姚兴宏主编：《祁连忠魂——高金城》，第68页。

谱写了爱国爱教、荣神益人的动人乐章，树立了基督教人士与中国共产党肝胆相照、荣辱与共的良好榜样。他的英名与感人事迹，名垂千古、彪炳史册！我们要学习他伟大的爱国主义精神，学习他拥党爱民的一片丹心，学习他爱憎分明的浩然正气，学习他不畏强暴的英勇气概，学习他赤胆忠心的思想品德，学习他乐于助人、甘心奉献的牧者楷模。

仅以此文怀念这位爱党、爱国、爱教、爱民，为中国人民的解放事业做出积极贡献的优秀牧师。

资料来源：

1990 年 9 月 23 日，据原基督教内地会张风元牧师回忆，地点：开封自由路 24 号。

2018 年 6 月 6 日，采访高金城烈士长孙高彬先生，地点：河南省基督教两会。

2020 年 8 月 15 日，于襄城县麦岭镇高庄村拜访高金城烈士故居，了解其生前家庭情况。

（作者系中国基督教三自爱国运动委员会副主席、河南省基督教三自爱国运动委员会主席、河南神学院院长）

# 郑和甫

## ——中华圣公会第一位中国籍主教

胡俊杰

郑和甫主教（1885—1954），原籍湖北黄陂，1885年1月7日出生于安徽芜湖一个贫苦家庭。14岁时遭父母遗弃，成为无家可归的孤儿，被美国圣公会在芜湖宣教的鲁牧师（Rev. Francis E. Lund）收留。1901年，在芜湖圣公会圣雅各布堂受洗归主，1908年入武汉文华神学院，1912年被按立为牧师，1916年被任命为圣公会传道部总干事。1923年，郑和甫赴美国深造，先后在弗吉尼亚州的弗吉尼亚神学院、费城的圣公会神学院和宾西法尼亚大学读书，于1926年获得社会学硕士学位，随即游历欧洲、苏联等地，视察各地社会、宗教及政治情形，后回国服务，出任安徽安庆市圣公会主教座堂主任牧师。1929 年，郑和甫被祝圣为中华圣公会河南教区副主教，1934 年任中华圣公会河南教区主教，为河南教区的发展做了很多工作。他不断推动教务、学务、医务的开展，在社会服务方面开展赈济活动、组织抗日救亡工作等，与河南教会结下了深厚情缘。

郑和甫主教先后获得七所大学颁授的学位和荣誉学位。他知识渊博，思想进步，具有强烈的民族气节、爱国情怀和自立精神，在国内外德高望众，负有盛名。

## 一、郑和甫主教的民族气节

1938 年，郑和甫主教赴印度马德里参加世界基督教会议，会上公开谴责日本法西斯侵略中国，并建议大会通过一项谴责日军侵略中国的决议，终因少数支持未能通过。[①] 这充分展现出郑主教反对侵略的民族气节。珍珠港事件之后，在中国的英、美传教士皆被日本人关入集中营。郑和甫主教独撑危局，不但担任圣公会河南教区的主教，而且还肩负着华北教区和山东教区的治理重任，并曾担任中华圣公会主教院代理主席。在他的苦心经营下，圣公会教务在艰难中不仅得以维持，而且有所发展。因此日本人对郑和甫主教特别注意，想利用他的影响力为日本人效劳。于是，就动员他参加新组织的华北基督教团，担任主席，负责整个华北基督教的教务工作，但遭到郑主教拒绝。日本人为此恼羞成怒，

① 赵家珍主编：《开封民族宗教志》，香港：天马出版社，2000 年，第 335 页。

就指使在开封的宪兵队经常到他的住处搜查，并对他进行威胁，可郑和甫主教毫不畏惧、妥协。后来日本人又改变花招，派日本圣公会的虚谷容牧师，以帮助办理圣公会的工作为名，监视郑主教的行动，并长期住在他的家中。郑和甫主教郑重地向虚谷容说明，作为一名中国人的主教，应该爱自己的祖国。他做了最坏的打算，每夜皆是和衣而睡，时时准备面对日本人的捉拿，甚至为国家、为正义捐躯。在这种极端困难且危险的时期，郑和甫主教带领教会同工开展赈济活动，组织抗日救亡工作；且不顾危险，只身下到豫东各牧区巡回慰问各堂的同工，宣传日本侵略军必败、中国人必胜的思想，鼓励同工们忍耐等待。他的民族气节，使当时身边的同工深受鼓舞。

## 二、郑和甫主教的爱国情怀

郑和甫主教经常引导教牧人员，要热爱祖国、热爱自己的民族。他多次提醒教牧人员，上帝爱世人，是爱各个国家的人民，而没有说单爱哪一个国家的人民或不爱哪一个国家的人民，人都是平等的，并没有特殊之分。

郑和甫主教从不干涉其他人的政治信仰，他的子女有的已是共产党员。在国共两党合作时期，周恩来总理当时率领中共代表团住在南京，郑和甫主教常到上海主教院协商教务，曾有几次路过南京时，去拜访周总理。周总理知道郑主教是拥护共产党的进步宗教人士，给他介绍共产党的宗教信仰政策，郑主教也表明自己所治理的教区拥护共产党的领导。所以，他们的谈话总是十分融洽。

1948年，郑和甫再度赴英国参加兰柏主教会议，他对大会报告中一段关于反对共产主义的言论据理辩驳，建议把它完全删除。[①]会后，1949年他取道北美回国途中在加拿大中风，于是留在加拿大治病、疗养。1949年9月，郑主教在加拿大以主教院主席名义致函国内全体主教，表示拥护中国人民革命。[②]10月1日，当新中国成立的时候，他听到这一消息，非常高兴，在病床上叫他的夫人向毛泽东主席拍发致敬电，祝贺中华人民共和国的成立。[③]发电报的第二天，他带病起程回国，抵达北京时，周恩来总理和其他中央领导人接见了他。

1952年，英国坎特伯雷教长约翰逊在我国进行参观访问，中国基督教和天主教的领袖们将抗议美国在朝鲜对我国进行细菌战罪行的宣言交给他，请他在英国及西方各国呼吁基督徒和爱好和平的人士一致起来，制止美国的罪行。约翰逊教长谴责美国进行细菌战的谈话发表后，受到英国当局的诽谤和迫害。消息传来，郑和甫主教义愤填膺，在《人民日报》撰文声援，指出："英国当局故意歪曲事实，扣压约翰逊所提出的美国细菌战的各种铁证，并进一步迫害约翰逊教长，但是英国当局这样无微不至地帮美国的忙是徒劳的，任何诽谤、迫害都不能动摇和平保卫者的坚强信

① 赵家珍主编：《开封民族宗教志》，第335-336页。

② 徐友春主编：《民国人物大辞典》（下），石家庄：河北人民出版社，2007年，第2348页。

③ 程耿光："我敬佩的恩师郑和甫主教"，载《开封文史资料》第十辑，开封市政协文史资料委员会编，1990年，第209-210页。

心。我们中国基督教徒一定和约翰逊教长站在一起，为真理、为和平而奋斗到底！”[①]

1953年年底，上海举行普选，此时郑和甫主教二度中风，正在上海养病。他坚持在病床上投票，当流动票箱送到他面前时，他极为高兴地说，自己做了70来年的中国人，这才真正看到了民主，这一票是一定要投的。他还兴奋地要求留影以永作纪念。

## 三、郑和甫主教的自立精神

郑主教在河南省不辞辛苦办理圣公会教务，他为人和蔼可亲，对教会治理有方。河南省中华圣公会有11个牧区，他经常下到基层，深入信徒群众中间，不但和牧师、传道人员亲切交谈，而且对一般信徒也问寒问暖，关心备至。

他反对外国差会的一切限制和不合理制度，期望早日脱离差会的控制，独立自主，自办教会。他在以西差会为主体的圣公会服务期间，兢兢业业，以自身的作为，展现中国教牧人员的风采：

他是第一个担任圣公会代表院主席的中国牧师。1928年，郑和甫在上海被圣公会代表院推选为主席，这个职位之前由上海圣约翰大学校长卜舫济（Francis Lister Hawks Pott）担任，郑和甫是担此要职的第一位华人牧师。

他是第一位出席世界圣公会最高层会议的中国主教。1930

① 国际短评：“坚决支持约翰逊的正义行动”，1952年7月16日《人民日报》第1版；郑和甫等：“支持约翰逊揭露美国细菌战罪行的斗争”，1952年7月23日《人民日报》第1版。

年，郑和甫主教应邀去英国参加兰柏主教会议。兰柏会议是普世圣公会最高级别的主教会议，以体现各教省间的“合一与共融”，十年召开一次。郑和甫成为第一位参加世界圣公会最高层会议的中国籍主教。

他是第一位出任教区主教的中国籍主教。1933 年，来自加拿大的河南省教区第一任主教怀履光退休，由中华圣公会主教院主持对中华圣公会河南教区第二任主教实行投票选举，郑和甫以多数票胜另一名加拿大籍候选人，成为中国历史上第一位中国籍正权主教。圣公会河南教区在“加拿大圣公会在人力和财力方面的支持依旧继续”的情况下[①]，取得这一选举结果，对中国教职人员实有莫大鼓舞。

他是第一位出任中国圣公会总议会主教院主席的中国籍主教。抗日战争胜利后，郑和甫主教致力于圣公会的恢复与重建。1947 年，圣公会第一次全国总会议全体大会在南京召开，郑和甫众望所归，当选为中华圣公会主教院的主席，统管全国圣公会，成为中华圣公会历史上首任中国籍主教院主席主教。

不仅在国内，郑和甫主教在海外教会也负有声誉。他在参观海外教会时，到各地演讲，介绍中国教会的状况和时局。他每日平均演讲三四次，“英语流利，言惊四座，又善于讲才，所至

① 左芙蓉：《华北地区的圣公会》，北京：宗教文化出版社，2017 年，第 27、207 页。

有声”[①]，大受欢迎。他凭着出众的才能、自身的努力、优秀的表现，向国内外教会证明了中国基督徒独立自主办教的可行性。

郑和甫在任期间，更以自己的身份、言行，推进教会的自立。他在国际国内呼吁中国人办中国教会的权利，力主全国各教区的主要负责人应一律由中国人担任，并建议中华圣公会全国领导机构由中国人负完全的责任。[②]他真诚希冀中华圣公会实现自立，并为此目标躬身力行。在“美国圣公会来华宣教百年纪念大会”上，郑和甫主教呼吁，中国教会要以自治促进自养，以自养维持自治，以自治、自养达到自传的目的。他坚定地指出：“我愿意中华的信徒、中华圣公会的信徒，应当以自养为义务，自治为权利，自传为最后的目的。”[③]他在任圣公会传道部总干事、河南教区主教并同时兼任陕西传道区代理主教期间，专注于陕西传道区的开拓工作。在他长期强力推展下，陕西传道区成为圣公会第一个没有差会传教士参与，经济上不受外国差会资助，完全由中国基督徒自治、自养、自传的传道区。[④]1934 年，沈子高任陕西传道区的主教。

郑和甫主教所服事的河南教区始终是中国传道人占主体地位。他亲自经手将河南教区差会全部房地产权移交中国教会。《中

① “郑和甫公当选，选举之经过，郑公之略历，为教会史光荣之一页”，载《河南中华圣公会会刊》，1935 年第 8 卷第 7 期，第 1-3 页。

② 赵家珍主编：《开封民族宗教志》，第 335 页。

③ 郑和甫：“美国圣公会来华宣教百年纪念讲稿”，载《河南中华圣公会会刊》，1935 年第 8 卷第 8 期，第 6-8 页。

④ 左芙蓉：《华北地区的圣公会》，第 30 页。

国基督教调查资料》对当时河南省基督教状况的描述，也透露出河南基督教自立的状况：本省教会自立自助之精神，颇行发达。现已组织稍有条理之正式教堂，并能自筹款项，资助布道员或牧师，自行担负教会职务。[①] 在由中国人较早管理教会走向新中国自办教会的过程中，河南圣公会起到了先驱作用。

郑和甫主教积极支持中国基督教三自爱国运动，他和吴耀宗先生是早年的朋友，他们都希望中国基督教实现“自治、自养、自传”，走独立自主、自办教会的光明之路。1950 年 9 月《中国基督教在新中国建设中努力的途径》（即三自革新宣言）发表后，他签名表示支持。郑和甫主教因身体原因未能完全直接参加中国基督教三自爱国运动，于 1954 年 6 月因病辞世，在世 69 年。但他一生的努力不但符合三自精神，而且对三自爱国运动起了倡导作用，并为中国教会培养了一批爱国爱教人才。郑和甫主教推荐圣公会河南教区年轻同工曾友山赴加拿大多伦多大学留学。在曾友山赴加留学前夕，郑主教又举荐他参加中国基督青年代表团，前往荷兰出席世界青年基督徒大会，以在大会上向全世界人民控诉日本帝国主义侵略中国的滔天罪行，呼吁全世界人民携手反对法西斯，保卫世界和平。1950 年，郑主教在重病期间，祝圣曾友山为圣公会河南教区第三任主教，使河南省基督教的自立爱国精神薪火相传。1951 年 1 月 1 日，圣公会河南教区第一个宣布拒绝接受外资津贴，割断与加拿大圣公会差会的经济关系。郑和

---

① 张敏：“开封基督教文化传播与发展研究”，河南大学硕士论文，2009 年，第 42 页。

甫主教对子女言传身教，常常要求子女要服从国家的政策、法令，要秉承自立精神，办好有中国特色的中国教会。他的儿子郑建业、女婿王神荫先后被祝圣为主教，他们继承父辈的精神，为独立自主办好中国教会奉献了毕生力量。

鸣谢：

开封市基督教三自爱国运动委员会主席郑春时牧师及开封市基督教两会同工为此文的撰写提供宝贵资料，特此致谢！

（作者系河南省基督教协会会长、河南神学院副院长）

# 基督教中国化的践行者曾友山主教

唐卫民

## 一、基督教中国化的生活实践

曾友山主教于 1910 年 3 月 26 日出生在福建省古田县平湖镇院坪村。父亲曾信光是中华基督教圣公会的牧师和教会学校校长。青少年时代，受其家庭影响，曾友山主教受到了良好的教育。1918 年至 1924 年，曾友山追随父亲，就读于福建省莆田县基督教圣公会开办的培元小学。1925 年至 1930 年，就读于该县教会开办的哲理中学，在学习期间，他被 1895 年发生的“古田教案”深深触动，从学生时代他就认识到教会自立的必要性，认识到爱国是每个中国人的责任和义务。1930 年至 1935 年，他先后就读于福州协和大学和上海圣约翰大学。当时，上海圣约翰大学每学期的学费高达 200 多元，这个昂贵的数目，是曾友山这样一个教牧家庭所无法负担的。学校以其为教会世家、作为教会培养对象，建议他兼读神学，承诺对其减免半数学费，使其顺利入学。求学期间他做过学校晚间电灯管理员、响铃、点名等杂役工作。他每逢暑假都在福州做家庭教师，充分利用课余学后的时间勤工俭学，补贴妻子和孩子。1935年，曾友山以优异的成绩圆满完成了大学学业，在圣约翰大学理学院生物系本科毕业，获理科学士学位。

毕业后，曾友山接受了同窗兼同乡陈景磐的邀约，辞别母校与恩师，意气风发地前往河南省开封市，在圣公会教会所开办的圣安德烈中学（后改名为“豫中中学”，位于南关医院前街，陈景磐曾任该校校长）开始了教书育人的生涯。1937年，曾友山被委任为圣公会河南教区主教秘书。不久开封沦陷，日军规定见了日本人要脱帽低头致敬。为了民族自尊心，曾友山无论酷暑严冬，一年四季坚决不戴帽子，宁可自己的耳朵长出冻疮也绝不向日本人低头。

作为主教，身兼全国政协委员、开封市政协副主席、中国基督教协会副会长等职务，曾友山具有较高的社会地位，但他从不搞特殊，厉行节俭，艰苦朴素，有时外出授课、探访基层教会，他和其他人一样在拥挤的火车上站着。有时信徒从农村带点土特产过来，他都要求按照市场价格支付给信徒。在他看来，作为教会主教要以身作则，从点点滴滴做起，效法耶稣仆人的榜样，不讲气派，正信正行，把中华民族勤俭节约的理念内化于心，外化于行，以实际行动践行中华优秀传统文化。

作为主教，他不仅呕心沥血地精心牧养教会，还特别关心社会的发展。1984年，他看到开封市民过黄河很不方便，积极提出修建开封黄河公路大桥的建议。他的建议得到时任省委统战部部长高维的肯定，在中央有关部门的支持下，以及时任省委书记杨析宗的关怀下，大桥于1989年12月1日建成通车。开封黄河公路大桥不仅方便了黄河两岸人员的来往，也为开封各项事业的发展增添了活力。

曾主教和师母杜嫦媖对子女教育严格，教他们认真遵守家训："好好地学习知识，规规矩矩行事，老老实实做人。"曾主教经常教导自己的子女要学有所成，积极参加社会主义建设。曾主教的次子曾建平曾担任中国科学院东北地理与农业生态研究所研究员，发表了有关地理学及其各分支学科的研究成果；幼子曾建晟曾担任开封东京空分集团（原开封空分厂）总经理和董事长，承担着河南省重大科技专项研发的责任，他努力推动产业不断创新发展，使空分集团在采用规整填料、全精馏制氯、内压缩流程空分技术等方面处于国内领先地位，获得国家发改委振兴装备制造业贡献奖。曾主教的子女都在不同岗位为国家做出了积极贡献。

## 二、基督教中国化的爱国实践

1939年7月24日至8月2日，曾友山随同以全国基督教青年会总干事龚普生为团长的中国基督教青年代表团前往荷兰阿姆斯特丹，参加第一届世界青年基督徒大会。代表团参加此次大会目的是要在大会上向全世界人民控诉日本帝国主义侵略中国的滔天罪行，携手反对法西斯、保卫世界和平，争取国际社会对我国抗日战争的支持和同情。会后，经圣公会河南教区主教郑和甫的推荐，曾友山赴加拿大多伦多大学留学。曾友山经英国转至加拿大东部魁北克城上岸，下船即被加拿大移民局人员拦住并告之，中国人只能从加拿大西岸入境，并强制他到移民局交出入境证件。

在移民局，曾友山又被警告："乘车途经美国境时，中国人没有签证，不许下车在车站上行走，否则被拘留，属于自己倒霉。"自出国到加拿大，先后共40余天，沿途历经种种刁难，好不容易才到多伦多入了学。这些经历，强烈地激起他的民族自尊和对国家自强的渴盼。

在国外学习、工作和生活的7年中（1939年至1946年），他亲身体验到国家衰弱、民族受压迫的苦涩。爱国思想使他多次为维护民族自尊与轻蔑祖国的人抗争。抗战初期，有些外国同学讥讽地对他说："你们中国人同日本打仗，有个特点，中国人见到日本人，比日本人的子弹跑得还快（指刘峙与日军一接触，由天津跑到石家庄，再由石家庄跑到了郑州的消息）。"他义正辞严地反驳说："望风而逃的军人，根本不能代表勤劳勇敢善战的中国人，更不能代表我国四万万五千万同胞的绝大多数。中国人民是前赴后继勇往直前的，日本侵略者在中国横行的日子绝不会长久的。而你们的军队，打起仗来，也有一个特点，你们的士兵，见到了日本兵，想跑也跑不动了，只好乖乖地投降被俘（指太平洋战争爆发后的盟军）。"[①] 他认为中国正在抗击一个武装到牙齿的帝国主义强盗，中国是在艰苦地浴血抗战，能与之打持久战，就是很伟大的了。当时居住在国外的留学生和华侨对红军北上抗日、建立抗日根据地、英勇善战的事迹，以及人民遭难的情况知道得很少，在报刊上多见到英、美、法、苏对德、日作战的报道，

---

① 樊化江：《大象无形——宗教工作随笔》，北京：宗教文化出版社，2006年，第22、243页。

所以，他们对中国抗战的消息，稍有听闻，则喜悦非凡，奔走相告。曾友山也深刻体验到国家强弱对国内外同胞的深刻影响。他难耐思乡之情，渴望早日回到祖国，与同胞同甘苦、共命运。

太平洋战争日军横行亚洲的时候，在中国传教的外国人，先后被日军集中起来，有的长期被关押，有的被遣送回国。其中曾在河南省做过传教士、牧师、教师、医生、护士等工作的加拿大人回国后，知道了曾友山是河南来的留学生，就请他到家里做客。在他们的家里，他看到墙上挂的不是中国美丽的风光、英雄人物，而是中国的小脚妇女和抽大烟的丑状图画。愤怒之下，曾友山鄙夷地对他们说："鸦片是英国商人毒害中国的一种商品，其毒害不亚于战争，是一种亡国灭种的罪恶行径。中国不知道有多少人吸上了瘾，弄得倾家荡产，中国人禁止鸦片，英国却用战争强加给中国。中国的小学生也不会忘记历史上的这种罪恶战争。"

最使他的民族自尊心受到严重伤害的，是在他的老师怀履光为他而设的家宴上。怀履光在多伦多大学任教后，得知他是从河南开封来的，特设了家宴招待他。席上怀履光为了炫耀自己，对曾友山说："我在河南传教期间，搞到了大批的珍贵文物，全部整箱整箱地运回加拿大。当时开封车站盘查很严，为了逃避检查，就先把文物弄到兰封（今兰考）车站，然后再托运回国。"怀履光还特别提起一块明朝弘治二年（1489）刻制的"犹太人祠堂述古碑"。这块碑是有关中国犹太人的珍贵文物，怀履光几经周折，但始终未能得手。他感慨地说："太令人遗憾了，要不是开封刁民的反对阻挠，我就把这块古碑运回到加拿大了，开封人太不讲理了。现在，在安大略博物馆，只能看到复制品。”“怀履光早期搜集中国文物虽然是通过购买，合法地运到国外，并打着‘把东方介绍给西方’的旗号，但无法掩盖其掠夺的本质。”[①] 曾友山每想到那些勤奋智慧的中国人民用血汗制造的宝贵文物，如今大批地陈列在异国的博物馆内，成为他们炫耀进步文明的资本，他便深深感到这是中华民族的耻辱，是每一个炎黄子孙的耻辱。一腔怒火在胸中燃烧起来，他不顾自己是一个学生和客人的身份，腾地一下从椅子上站起来，大声说：“你这是强盗行为，我表示强烈的抗议。”说完转身离席。随后，曾友山专门到安大略博物院，将怀履光掠夺的中国珍贵文物一一拍照下来，以待适当时机予以揭露。

曾友山的悠悠爱国心、拳拳赤子情，在异国受到一次次的刺激。这使他越来越清醒地认识到，自己的前途和归宿，应该在自己的国土上，与自己的同胞同命运共呼吸，使祖国富强起来，使中国教会独立自主起来。二战结束后，1946 年，他谢绝朋友们的劝阻，放弃了国外优厚的待遇，毅然决然地告别加拿大，乘坐太平洋航道在战后通航的第一批海轮，于 1946 年 10 月份回到了上海，投入魂牵梦绕的祖国怀抱。

1951 年 3 月 6 日，曾友山主教在《河南日报》发表“基督徒要坚决反对美国重新武装日本”的文章，号召基督教认识帝国

---

① 宋家衍主编:《加拿大传教士在中国》，北京：东方出版社，1995 年，第 286 页。

主义的真面目，揭露帝国主义的本质。他也鼓励年仅 16 岁的女儿曾建心积极参加军事干部学校，以实际行动抗美援朝，保家卫国。1958 年 5 月 21 日，在曾友山主教积极倡导下，河南省基督教制订了《河南省基督徒爱国守法公约》十五条，其中第一条就规定："全心全意接受共产党的领导，走社会主义道路。"

## 三、基督教中国化的神学实践

新中国成立前夕，由于河南省基督教三自爱国运动委员会尚未成立，当时河南省会开封有 14 个基督教派别，各自为政、分派而治。作为圣公会的主教，曾友山以容纳百川的胸怀主动团结不同宗派背景的教会同工同道，鼓励他们实现各教派的联合，积极参加"三自"革新运动。当时圣公会内部正盛行一股歪风，不少圣品以"使徒统绪，圣事神权"自居，甚至将其他宗派视为"旁门左道"，曾友山主教发现这一现象，多次在教内大会上提出批评，并及时撰写《论上帝恩典的普遍性》《上帝恩典临格万民》等文章，对这种认识的偏差加以纠正。他认为，基督的爱不是狭小的爱，基督关爱所有教会，也关爱还没有跟从他的人。"上帝爱世人"，这是上帝自身本质的最高启示，上帝的爱由耶稣基督彰显出来。

1958 年，黑龙江省基督教爱国会邀请曾友山主教为该省同工孙溥俊按立，由于按照圣公会的传统，牧师需由主教按立，曾主教欣然答应，并特意安排将开封圣三一坐堂的祭台由白色（按照圣公会的传统，白色代表喜庆、圣洁）换成红色。他说，红色代表流血牺牲，中国传统文化中，红色也是代表喜庆的颜色。这是曾主教在基督教中国化礼仪方面的大胆尝试。在按立中曾友山主教热泪盈眶，内心的激动无法言表，他感慨道："中国教会终于不受外国差会的支配了。"早在1981年，他就着手编写《公祷礼文》一书，《公祷礼文》虽然有圣公会的背景，但已不是传统的圣公会《公祷礼文》，从教牧人员的按立到婚礼的程序，都涵盖着中国化的内容。例如信徒结婚的宣告中包含"爱国爱教"的内容[①]；按立仪式中受职人员要宣誓"为中国教会实现自治、自传、自养而努力"[②]。在具有圣公会传统的教会节期，如圣诞节前夕和后主日、元旦礼拜、复活节、诸圣日等，主礼牧师和襄礼牧师要披挂白色圣带，曾主教认为：根据我国国情习惯，喜庆节日多使用红色，在教会重大节日上应多体现中国元素，可以由白色改用红色。这是曾主教对教会礼仪的创新和改革。诚如已故河南省基督教两会原主席、会长赫连召选评价的："曾友山主教为教会前途尽心竭力，既有传统的神学思想，也有近代改革的神学思想，是高级伦理道德家、神学家。"[③]

曾主教神学思想是爱国的先知思想，他在《我为什么热爱新中国？我怎样认识新中国？》一文中，从生活、信仰、学习、工作等方面阐述自己的体验，他认为新中国推翻了三座大山，人

---

① 曾友山：《公祷礼文》，郑州：河南省基督教三自爱国运动委员会、河南省基督教协会，2016年，第43页。

② 曾友山：《公祷礼文》，第39页。

③ 参1994年5月1日"曾友山主教追思礼拜"光碟。

民当家作主，没有共产党就没有新中国。“皮之不存，毛将焉附”，有了新中国，中国教会才真正成为自治、自养、自传的中国教会，中国人民站起来了，中国教会才能立于普世教会之林。

## 四、基督教中国化的教会实践

### 1. 拥护党的领导赤心不变

为了参加社会主义建设，在河南省市政协的领导下，开封市基督教会人员联合成立了工厂、农场和蘑菇厂，曾友山夫妇也编入了劳动生产组织内，他还参与了蘑菇厂三人生产领导小组。这些生产单位，取得了实际的社会效益，既供应了市场需要，也解决了一部分教会人士及家属的工作生活问题。1961 年，曾友山等人还去上海、山东等地参观学习了发展生产的经验。

十年浩劫期间，正当的宗教活动被禁停，教会家具被瓜分，大礼拜堂被占用后拆除，工厂被关闭。曾友山受到冲击，其家人也受到牵连。度过了今天不知明天遭遇的惊恐，曾友山终于熬过了十年的艰苦岁月。尽管如此，他坚持认为，接受各种历史考验和磨练后，作为一个基督徒和一位基督教的领导人，必须爱国守法、爱教如家，接受党的领导不能动摇，走社会主义的道路应坚定不移。

十一届三中全会以后，党和政府拨乱反正，大量的冤假错案得到平反昭雪。宗教信仰自由政策恢复落实，出现了十年动乱后的新局面。曾友山本人的政治地位逐渐得到恢复，并光荣地被选任第六届全国政协委员和开封市政协副主席。他在“文革”中被查抄的物品，也部分得到退赔和补偿，被其他单位长期占用的原住房，也得到退还。

**2. 积极推动三自爱国运动**

1947 年，在河南工作的郑和甫主教因为担任全国圣公会主教院会务很忙，加之身体原因，决定在举行河南教区议会时提名选举一位教区副主教。当时在教区内工作的加拿大传教士暗中策动另提和选举一位加拿人籍传教士为候选人，由于郑和甫主教坚决反对未能通过。在郑和甫主教力争下，1949 年 5 月，曾友山被祝圣为河南教区副主教。从主教的祝圣权上，曾友山进一步看到中国教会迫切需要割断与外国差会的关系,彻底走向独立自主、自办教会的道路。他在成为主教之后，于 1951 年 1 月 1 日，代表河南圣公会第一个宣布：拒绝接受外国津贴，割断与加拿大圣公会的经济联系。

1949 年 10 月，中华人民共和国建立，中国教会进入了中国共产党领导的新时期。1950 年，吴耀宗所写的《中国基督教在新中国建设中努力的途径》一文发表后，基督教在全国各地教会的领导人以之作为“教会三自革新”的宣言，形成了一个签名运动。曾友山是这一签名运动的积极参加者和推动者。抗美援朝时，曾友山以河南基督教代表身份，同郑建业、王神荫等同工，出席了政务院文教委员会召开的“处理接受外国津贴的基督教团体会议”。回豫后，他组织并参加了教会召开的三千人控诉美帝侵朝罪行大会，会后举行了群众示威游行，各教派宣布彻底割断与外国差会的经济关系，教会坚决走自力更生的道路。1955 年，开封市基督教召开了第一届信徒代表会议，成立了开封市基督教三自爱国运动委员会，各教派实行联合礼拜。1958 年，河南省基督教三自爱国运动委员会成立，曾友山主教是这些活动的主要推动者和组织者。

**3. 努力培养各地教牧人才**

党的宗教信仰自由政策得到恢复落实之后，教牧人员严重缺乏，境外渗透、自由传道人、“呼喊派”等组织活动猖獗，使河南基督教出现一些混乱现象。曾友山主教看到了问题的严重性，及时提出培养人才是教会治理的根本途径，提高传道员的综合素质，才能正本清源，确保教会组织领导权牢牢掌握在爱国爱教的人士手中。1981 年，已过古稀之年的曾主教不顾身体虚弱亲自带领陈率真、王绳彩、赵圣城等牧师赴三门峡举办“文革”后的河南省基督教第一期传道员培训班，培养了一批爱国爱教的传道员，有效地揭露和抵制了境外渗透和“呼喊派”等邪教组织的侵扰。

1989 年，笔者刚从神学院毕业，分配到开封教会工作。曾友山主教因身体原因已卧床在家休养，我常到中山路曾主教的住处看望和汇报工作。期间，听到他在床榻上念诵最多的祷文是：“感谢天父，你使我生长在这个美丽的国土。新中国建立以来，通过人民政府的正确领导和全国各族人民的共同努力，使我们的锦绣山河变得更加美丽，我们享受着独立与自由、欢乐与幸福，求主祝福我们伟大的国家，使她安定团结、前途光明，拯救她脱离外来干扰，帮助她消除内顾之忧。”[1] 这是一个德高望重的主

① 曾友山：《公祷礼文》，第 15 页。

教对祖国念念不忘的心愿和对祖国千丝万缕的情怀。

曾友山主教于 1994 年 7 月 29 日荣归天家，他爱国爱教的一生为我们树立了典范，值得我们效法和学习。

# 爱国爱教、敬业奉献的郭农山先生

王付增

郭农山，1894年2月23日生于河南襄城县的贫寒农家。1915年山东齐鲁大学毕业后，历任开封、上海基督教青年会干事。1920年，年仅26岁的郭农山进入中华书局出任天津分局副经理，旋任南昌分局代理经理。之后，他又担任了沈阳、汉口、开封、成都、昆明等分局副经理、经理，兼任东三省、长江流域及西北区监理，并先后任中华书局汉口办事处、西南办事处主任。1945年任重庆中华书局总管理处业务部部长。1946–1950年任总公司协理兼业务处处长。1951–1953年任中国图书发行公司总管理处副总经理。1954年退休，服务中华书局近40年后，于1961年12月24日逝世，享年68岁。

## 一、热心社会服务的“YMCA”干事

郭农山虽生于贫寒农家，但其父亲是一个颇有见识的人，自小就把他送到教会学校里学习文化知识。年幼的郭农山勤奋好学，成绩优异，21岁就毕业于山东齐鲁大学。①

1915–1919年，郭农山历任开封、上海基督教青年会②干事，积极投身于社会服务之中。基督教青年会（简称青年会），英文名称为“Young Men's Christian Association”（简称“YMCA”），是一个具有基督教性质的社会服务团体，也是一个国际性的组织，在我国迄今已有100多年历史。中华基督教青年会全国协会自1949年中华全国青年联合会成立起就成为她的4个团体会员之一。青年会的宗旨是“发扬基督精神，团结青年同志，养成完全人格，建设完美社会”。会训为“非以役人，乃役于人”。青年会的会徽图案是：红色的等边三角形中间一条蓝色的等距横杠，意寓为德、智、体、群，即一个健全的青年必须具备高尚的品德、丰富的知识、强健的体魄和做群众工作的能力。③

① 齐鲁大学是中国历史上最早的教会大学之一，始建于1864年，最早源于来自美国北部的长老会传教士狄考文借用登州城里的一所“观音堂”开办义塾蒙养学堂，后经几代传教士的不断努力而最终建成齐鲁大学。“齐鲁大学”，百度百科，https://baike.baidu.com/item/%E9%BD%90%E9%B2%81%E5%A4%A7%E5%AD%A6/2921040?fr=aladdin，2020年7月10日。

② “基督教青年会”，百度百科，https://baike.baidu.com/item/%E5%9F%BA%E7%9D%A3%E6%95%99%E9%9D%92%E5%B9%B4%E4%BC%9A/2370796?fr=aladdin，2020年7月11日。

③ 《上海青年志》编纂委员会：《上海青年志》，上海：上海社会科学院出版社，2002年，第253页。

郭农山先生在青年会的工作中克服种种困难，在开封、上海当地开展了多项以传播现代文明中的平民教育、科学演讲、现代体育及文字出版为主题的活动。为我国20世纪初期的文化传播事业做出了积极贡献。

## 二、致力文化救国的中华书局部长

郭农山先生供职中华书局长达40余年。他始终认真负责，忠于职守，对发行业务的开展做出了突出贡献。特别是在抗日战争时期，为了使中华书局的书籍、纸张、机器设备不落入敌寇手中，他亲赴沦陷区，沟通内外，开辟新的运输线路，极力保存了中华书局的一部分资产，也支援了大后方的文化教育事业。他积极支持新中国的社会主义事业，为私营图书出版业的社会主义改造开创了先例。即使在因半身不遂导致右手不便后，郭农山先生也努力练习左手写字，终于用左手撰写了《中华书局发展简史》，初稿四五万字，为后世留下了珍贵的资料。

作为一名出版人，郭农山先生的抗战爱国舞台就在他的出版发行工作中。民国时期的出版社，比如中华书局、商务印书馆，总部都是在上海，为了便于销售自己的图书产品，就在外地开设分支机构。当时，中华书局的分支机构叫“分局”，比如中华书局汉口分局。新中国成立前，中华书局先后在国内外开设多处分局，最高峰时拥有40个分局、近千名分局员工。在此过程之中，郭农山得到了大量的锻炼，开始崭露头角，成为中华书局的中流砥柱。1923年，30岁不到的郭农山出任沈阳分局经理，正式独当一面，成为中华书局早期的分局经理之一，并逐渐成长为中华书局在分局管理方面的顶梁人物。在郭农山担任分局经理后，因他突出的工作能力，之后凡是中华书局要在一地开办分局，必先派郭农山前往筹备，一切就绪后，再交由他人接管。如 1935 年 8 月，开封分局收回自办，派郭农山前往筹备；1936 年西安特约分局（双记）解约，郭农山于 4 月间前往筹备自办，后派高星桥为经理。因此，郭农山后来升任长江区监理也是情理之中的事。到了 1937 年，中华书局更是委以重任，任命其为分局发行部部长，代表总局全面主管各地分局的发行事宜。

抗战期间，郭农山成为中华书局各地分局的领军人物，有时甚至替代总局，成为指挥中心。1938 年 1 月，郭农山在汉口分局设立分局发行部汉口办事处，主持港沪两地大量发往汉口书货的转运，以及西南、西北、湘、鄂各地的分局事务。当年 7 月，郭农山又前往成都，期间草拟《分、支局经营管理办法》，对成都分局加以整顿，“代公司谋天府之发展”，建设西南营业的“大本营”。1939 年 6 月 1 日，郭农山组建西南办事处，成为战时中华书局各地分局的具体指挥机构。①

1941 年，由于日寇占上海，攻香港，致内地与港沪两地失去联系。当中华书局各地分局顿失指挥中心之际，郭农山挺身而出，临时替代总局，担负起指挥中心的职责，他通函内地各分局：“今后本局一切业务推进日益艰难，诸同人更应协力同心，体念

① 章雪峰：“在抗战烽火中，小人物也曾这样奋斗过”，2016-08-02，搜狐网，https://www.sohu.com/a/108746518_450604，2020 年 8 月 3 日提取。

时艰，支撑危局，以发扬本局三十年来为文化服务之精神，此余愿与诸同人共勉者……自即日起，交易均收现款，不得赊账，旧欠应从速索讨……”[①]同年，中华书局总经理在香港逝世，官僚资本分子乘机混入，窃据了中华书局的名位，并长期把持中华书局的财产。1946年，时任业务部长的郭农山被擢升为公司协理，进入中华书局的领导层。在此期间，他力挽狂澜，将官僚资本代理人的“十大罪状”诉诸中华书局董事会，积极避免中华书局的资产外流。

## 三、响应中共号召的合营公司经理

上海解放前夕，郭农山和上海的一些进步人士，组织“中国人民解放事业协作社”，在中国共产党的领导下，粉碎了阴谋分子的“外汇”外调计划，保护了中华书局一万吨纸张和整套机器设备。

中华人民共和国成立后，郭农山拥护人民政府关于出版事业的方针政策，响应党的“公私兼顾，合理安排”的号召，使三联、商务、开明、联营、中华5家联合组成“中国图书发行公司”，郭农山担任公司副总经理，为私营图书出版业的社会主义改造开创了先例。中国图书发行公司是我国第一家公私合营发行机构。自1951年1月1日成立，至1953年底结束，并入新华书店。

新中国成立初期，百废待兴。党和政府对新闻出版工作给

① 章雪峰：“在抗战烽火中，小人物也曾这样奋斗过”，2016-08-02，搜狐网，https://www.sohu.com/a/108746518_450604，2020年8月3日提取。

予极大的关注。1949年10月1日，中华人民共和国成立，根据《中华人民共和国中央人民政府组织法》第18条规定，政务院下设新闻总署、出版总署，作为国家管理新闻、出版工作的最高行政机关，领导全国的新闻、出版工作。1949年10月19日，中共中央宣传部出版委员会组织召开全国新华书店出版工作会议。这是新中国成立后召开的第一次全国出版工作会议。毛泽东主席为大会题词："认真作好出版工作"，并在会议期间接见了全体代表。1950年10月28日，周恩来总理签署发布了《中央人民政府政务院关于改进和发展全国出版事业的指示》。11月11日，出版总署发出《关于三联中华商务开明联营书店组织联合发行机构的通报》。"通报"称，这五个单位将现有发行机构从原机构中划出，合并成立专业发行的机构。这就是批准中国图书发行公司成立的政府文件。

1951年1月1日，公私合营的中国图书发行公司(简称中图公司)成立，总管理处设在北京。总经理邵公文，副总经理史久芸、郭农山、章锡珊、万国钧。至1952年1月底，中图公司在北京、天津、上海、贵阳、成都等大中城市建立32个分公司。

中图公司以发行书刊为专门业务，并以发行三联书店、中华书局、商务印书馆、开明书店、联营书店五单位的出版物为主要任务。中图公司也与新华书店订立《相互往来合约》，建立了正常的业务关系。自1954年1月1日起，中图公司并入新华书店。出版总署时任署长胡愈之讲话指出："新华与中图两大发行系统合并，壮大了国营发行企业的力量，是完全正确而适时的，也是经过充分酝酿和准备的。”至此，中国图书发行公司总管理处和各地分公司陆续与新华书店合并组成全国统一的发行系统。[①]

郭农山先生是一名普普通通的基督徒、文化人、出版商，既没有军人般的金戈铁马，也没有政治家的纵横捭阖，所以时至今日，我们来找寻他的生平资料时，颇有茫然之叹。但是，在抗战烽火中，类似他这样的平凡人也曾为着民族的复兴、国家的独立、国家财产的不受损失而艰苦奋斗过，他们也曾有过自己的光辉岁月。他们，真真切切地在神州大地上，鲜活地存在过、悲伤过、欢喜过、奋斗过。正如今天数以千万计的中国基督徒一样，也许他们本身会被历史烟尘而淹没，但他们所从事的事业对社会、国家的贡献，会一直随着社会文明的演进而日益显得重要。

（作者系河南省基督教三自爱国运动委员会副主席兼秘书长、河南省基督教协会副会长）

① 李俊杰：“中国图书发行公司纪事”，《出版史料》，北京：开明出版社，2004年，第17-18页。

# 基督教爱国人物

## ——豫北名医段美卿

孙宏赦

### 序言

段美卿（1900—1985），又名段家彬，河南省卫辉市人（原汲县），爱国基督徒。曾就读于群英小学、牧野中学；1930 年毕业于山东齐鲁大学医科，获博士学位。段大夫被誉为豫北“四大名医”之一，在豫北地区有很高的声望。①

段美卿先生医科毕业后，先是在北京协和医院实习，后于 1932—1937 年任安阳广生医院和六河沟煤矿医院外科医师。②1937—1945 年，担任卫辉惠民医院医师、院长。1950 年后从事新中国医疗卫生事业，历任新乡医学院外科教研室主任、校务委员会委员，医学院一附院外科医师、主任等职。在长期的医疗和教学实践中，为新中国医疗卫生事业及医学教育工作做出了很大

---

① 邵金远:《近代豫北医学传教史研究》，北京：科学出版社，2015 年，第 262 页。

② 吴曰杰：“精神永存——追忆段美卿老主任”，2015 年 10 月 2 日，http://www.menqiu.com，2020 年 4 月 29 日。

的贡献。[①]

## 一、一生美好的见证

### 1. 勇敢抉择，投身医疗卫生事业

1888年，加拿大长老会传教使团在开办医疗卫生事业的同时，在贫穷、闭塞的豫北地区开启了基督教传播之门。[②]传教士在新乡卫辉这一带建立了教会和医疗机构，

1920年落成的惠民医院就是其中的一部分，这里是段美卿先生的家乡。当时，这里的人不认可西医，[③]对西医也没有什么好感。段美卿先生就是在这样的境遇下，选择了自己的人生道路。他认准了西医的优势，毅然抉择学习研究西方医学，贡献中国社会。

据加拿大传教士史美德在自己的回忆录中记录，1937年的豫北是一个贫穷、落后、偏僻、闭塞的乡村地区，传染病、牙龈肿胀、感染和肿瘤等疾病到处肆虐。[④]可以想见，段美卿先生当时是在耶稣基督舍己牺牲福音之激励下，以爱神爱人之心关注旧中国贫穷落后的处境，深切认识到医疗卫生事业在救苦救难中的重要性，以及对基层民众之生存和命运不可替代的特殊作用，他便决志献身中国的医疗卫生事业，服务于贫苦大众。

---

① “新乡医学院讣告”，《新乡医学院学报》1985年第2期，第80页。

② 邵金远：《近代豫北医学传教史研究》，第40-41页。

③ 邵金远：《近代豫北医学传教史研究》，第206页。

④ 邵金远：《近代豫北医学传教史研究》，第55页。

倘若缺乏坚定的信心、爱心及勇于献身于中国医疗卫生事业的精神，段美卿先生很难下定决心，踏出这艰难的一步。他个人的这一抉择，对百年之后的豫北正规化医疗体系的建设与发展，起到了举足轻重的作用。

**2. 效法基督，秉持敬神爱人之心**

年轻的段美卿完成学业后，先在北京协和医院实习。他当年的同学中不乏全国知名的医学家。之后，他回到了家乡豫北地区，怀着敬神爱人的心在贫穷落后的农村从事当时急需的医疗卫生事业。在当时，段美卿大夫的行医之道十分令人赞叹，据知情者回忆，他在开办私人医院期间，通常只收有钱人的钱，对街坊邻里及穷人则免费治疗，长久下来在豫北一带建立了极佳的口碑。[①]

新中国成立前的安阳广生医院和卫辉的惠民医院，都是教会医院，段美卿先生起初在这些医院出任外科医生。后来抗战爆发，外籍人员纷纷撤离战区，段美卿大夫没有出逃躲避战祸，而是在危难之时本着信心和爱心勇于承担责任，欣然出任惠民医院战时院长。他率领留下来的中国医护人员在沦陷区救死扶伤、解除病痛，充分担当着一个基督徒医生的时代使命。[②] 当时的“华北使团临时总部”曾评价：“段美卿是有能力的领导者，使战乱中的惠民医院仍然秉承着教会的使命和精神，充满了耶稣基督教

---

① 吴曰杰：“精神永存——追忆段美卿老主任”。

② 吴曰杰：“精神永存——追忆段美卿老主任”。

海的福音。”[1] 以他为首的医疗团队，也切实地本着基督之爱和牺牲奉献的精神，极大地抚慰、帮助了苦难贫困中的豫北百姓。

段老前辈有知识、经验丰富，外语好，也有胆识。在他年过半百时，已经能够开展脾切除，甲状腺、肝部分切除术，腹腔肿瘤、脊柱裂、乳腺等手术，当时算得上是绝对的专业权威。[2] 但段大夫却表现得十分低调谦卑，特别关心青年医生，重视对下一代的爱护及培养。作为外科主任，他十分重视后续人才的成长，对新来的年轻人，一般都是先请到家里吃顿饭，谈谈话，了解一下情况，然后再让其上班。曾在段老手下供过职的年轻医师见证说："在这样少见的老主任下边工作进步很快，心情也舒畅。"[3]

"文革"时期，段老主任遭遇了迫害，他的上肢被扭伤致残，无法重回医疗岗位，因此他被迫结束了自己外科医生的生涯。段美卿主任的晚年是在学院图书馆度过的，主要管理外文期刊，当时这些资料少有人问津，甚至有人主张销毁，但段大夫尽力保护下来一部分。在这样的境遇下，段老主任不忘记对年轻医生的爱护与支持，据新乡医学院吴曰杰教授回忆，当时他作为年轻的外科医生，段老主任对他有所偏爱，当然他对老主任也心存敬重。"文革"期间大学长期不招生，外文图书也很少有人阅览，吴医生有一次去借书，老主任拿出一本黑皮原文的罗氏外科学(外科原理及实践)交给他，让他拿去慢慢学着看。当时，好学上进的

---

① 邵金远：《近代豫北医学传教史研究》，第 262 页。

② 吴曰杰："精神永存——追忆段美卿老主任"。

③ 吴曰杰："精神永存——追忆段美卿老主任"。

吴医生如获至宝，怀着敬畏之心不时地向老人家请教一些英语问题，段老也说些英语口语给他听，还鼓励他跟上形势，努力进步。当时段老说自己老了，中国的医疗事业还得靠年轻一代去发展。[①]后来吴曰杰医生认真学习，从书中获得收益，他认为自己能于20世纪90年代在美国医学期刊发表论文，与段老主任对他的教导和这本书的帮助不无关系。

## 二、一腔爱国的热情

抗日战争爆发后，加拿大传教使团在豫北的既有医疗成果损失惨重。接连不断的疾病、瘟疫、洪灾等自然因素与战争因素使得华北传教使团反复撤离与重返，医学设施屡遭重创；还有中外人员之间观念差异等因素，导致立场不同，矛盾激化；再加上财政危机、人员不足等方面的困难，惠民医院的维持与发展遭遇空前挑战。[②]正是在这个关键时期，段美卿大夫在极端不利的环境下，勇于负重、承担责任，使惠民医院在敌占区后方发挥了积极的作用。

### 1. 临危受命，坚守后方医疗阵地

1937年，豫北地区沦为日占区。加拿大外科医生罗光普曾担任中国北部和中部地区的国际红十字会主任，领导和组织以郑州为中心的战地救援工作。罗光普等外籍人士支持中国正义的抗战事业，积极为八路军输送药品与物资，接待难民，救治伤员，

① 吴曰杰：“精神永存——追忆段美卿老主任”。

② 邵金远：《近代豫北医学传教史研究》，第261页。

并领导团队经常活动在抗日前线。他还负责协调各国不同教派区域内医疗机构之间的关系，组织各个教会的医疗机构抢救和医治来自前线的伤病员。[①] 加拿大的“豫北使团”在豫北地区所建立的医疗机构和教会设施受到了日本侵略者的严重破坏，特别是加籍人员在怀庆的医疗机构中，不少医务人员惨遭日军杀害。[②] 豫北其他地方教会医疗机构的外籍人士不免恐慌，卫辉惠民医院加籍医护人员及传教士纷纷撤离战区。但教会医院的多数中国医护人员则坚守岗位，救助战乱中的伤员与难民，积极配合全民抗战事业。段美卿大夫就是其中的领军人物之一。

1939 年 7 月，黄河再次泛滥成灾，由于居心叵测的日本占领军的煽动和胁迫，反英运动在河南爆发。日军借此关闭教会，限制中国病人进入教会医院。[③] 之后，加籍人士被迫撤离，卫辉惠民医院中方人士也因与加方人员的关系破裂问题而士气低落，人心涣散。当时，多方承诺的援助迟迟不能到位，战时通货膨胀愈演愈烈，医院的财政危机十分严重，再加上日本占领军的破坏与野蛮干扰，惠民医院元气大伤。[④] 这一处境大大地影响了这所教会医院在抗战中充分发挥自身的应有作用。

在加拿大使团撤离前夕，情况有所转机。中国牧师和加拿大传教士经过磋商达成协议，通过与日伪当局的交涉，由中国籍

① 邵金远：《近代豫北医学传教史研究》，第 229-230、232 页。

② 邵金远：《近代豫北医学传教史研究》，第 230-231 页。

③ 邵金远：《近代豫北医学传教史研究》，第 246-247 页。

④ 邵金远：《近代豫北医学传教史研究》，第 248、254 页。

医护人员和教牧人员接管医院的医务活动与日常管理。在双方签署协议后，加拿大籍人员于 1939 年 9 月 10 日撤离，医院交由中国人接管。当时相关医护人员与教牧人员组成了“七人管理委员会”，大家一致公推段美卿大夫任院长兼医师。[①]这时，医术精湛、品格高尚的段大夫临危受命，在极其艰苦、复杂的处境下，面临着严峻的考验。他在民族危亡之际，没有丝毫退缩，反而凭借坚定的基督教信仰与自身的人格魅力，重整人心、鼓舞士气，积极领导惠民医院的全体医护人员和后勤管理人员，致力于战区后方的医疗救助工作，不仅及时救治不断来自前线的伤员，[②]而且也极大地帮助和慰藉了日占区的苦难民众，以及如潮而来的难民。段大夫及其同事们，借自身所怀之医学技能，用实际行动支持了豫北地区的抗战大业。

1940 年，段美卿大夫向设在天津的华北使团临时总部报告医院的行政与医疗工作一切运转正常，并提交了医院和教堂事务的数据和档案。这表明在传教士撤离后，医院仍然秉承着教会的使命和精神。因而，他被认为是“有能力的领导者”。随着战争的升级，惠民医院及当地的教会组织渐渐与传教士中断了联系。[③]

抗战期间，除了几位出生在河南的传教士后代外，对海外传教生活感兴趣的医护人员越来越少。随着日益严峻的抗战形势，

---

① 邵金远：《近代豫北医学传教史研究》，第 137 页。

② 吴曰杰：“我见——对 120 周年庆典文稿的浅见”，2016 年 6 月 10 日，http://www.china5080.com/articles12/494982.html，2020 年 8 月 30 日。

③ 邵金远：《近代豫北医学传教史研究》，第 262 页。

教会医疗规模也不断在扩大，除了很少的加籍人员外，医院绝大部分的工作都要靠中国的医护人员来承担。其中，一部分中国基督徒医护人员也不断离开惠民医院，参与到国共双方的医疗体系中，留下来的医护人员则艰难地应付着日益加大的工作量。[①]就是在这样的危机时期，段美卿院长艰苦地主持着惠民医院的工作。他一面鼎力支持进步医护人员奔赴前线支持国共医疗团体，一方面继续培养新人坚守后方的医疗岗位。

当时，有一位怀庆基督徒李素英女士，于1937年秋被加拿大长老会华北使团聘用，加籍人员撤离后仍然坚守岗位。在抗战期间，她积极支持段美卿院长的后方医疗工作，担任惠民医院护士长。李素英女生当时还兼任卫辉护士培训学校的校长，为捉襟见肘的惠民医院培养了急需的护理人员。[②]同时，也为前方的抗战医疗机构输送了大批的护理人才。

**2. 立场坚定，努力战区救助工作**

随着华北使团传教成果的不断发展，教会内部的中国教徒不仅人数日渐增多，能力也日渐增强，随之而来的民族意识也在不断强化。[③]

教会内部中国和加拿大人员之间因观念差异，矛盾激化，导致关系破裂、人心涣散。对于加拿大人来说，英国国旗是当时他们自豪和安全的泉源，但对于想在中国国旗下做有意义事情的

① 邵金远：《近代豫北医学传教史研究》，第255页。
② 邵金远：《近代豫北医学传教史研究》，第263页。
③ 邵金远：《近代豫北医学传教史研究》，第255页。

中国人来说，并不认同加拿大人的做法。那时，就有不少中国的医护人员开始离开加拿大传教使团，加入到国共医疗机构及红十字会，救护、照顾成千上万的伤员。[①] 留下来的中国医护人员，在段美卿院长的精心领导下，致力于后方的医疗救助工作，十分艰难地挺过了整个抗战时期，他率领同事们努力保住了这所处于沦陷区的医疗机构，并且有所发展。

抗战胜利后，加拿大使团返回豫北地区，接收教会与医疗机构。他们为了重新控制惠民医院，便责难段美卿院长等中方人士，其中最为突出的矛盾是教会医院的管理权问题，凸显了中外教徒之间的话语权之争。1945 年 8 月，加籍人员在罗光普的率领下返回卫辉，就惠民医院的管理权问题与中国教会发生了分歧，他们罗列了 3 条罪责迫使段院长等中方人员交权。[②] 段美卿院长及部分医护人员在逆境中，没有放弃自己所挚爱的医疗事业，愤然离开了当时西方人控制的惠民医院，转而在卫辉城内西关北马市街开办了私人医院及诊所，救助大批战后返乡的难民。[③] 这时，段院长已成为亨誉豫北的四大名医之一，[④] 他在逆境中忍辱负重，使自己所开办的“段大夫医院”继续服务难民，救助疾苦。

1947 年 4 月 3 日，豫北大地全面解放，加拿大人员于 19 日离开卫辉。[⑤] 在抗战时期，以段美卿院长为首的中国基督徒医护

---

① 邵金远：《近代豫北医学传教史研究》，第 256 页。
② 邵金远：《近代豫北医学传教史研究》，第 257 页。
③ 邵金远：《近代豫北医学传教史研究》，第 253、262 页。
④ 吴曰杰：“精神永存——追忆段美卿老主任”。
⑤ 邵金远：《近代豫北医学传教史研究》，第 250 页。

人员爱国爱民、鼎力奋战，他们冒死保留下来的卫辉惠民医院迎来了新生，为后来的新中国豫北医疗事业的建设与发展提供了一个良好的基础。

## 三、一段金色的年华

新中国成立后，段美卿大夫成了华北医师学校附属医院的首任外科主任。作为该院的外科第一人，他对之后的新乡医学院附院外科的创建工作，做出了不可磨灭的贡献。新乡医学院一附院外科，在段老主任的主持下，曾一度在河南全省名列前茅。[①]

### 1. 发挥专长，贡献新中国医疗事业

反右时期，有一位刚刚戴上“右派帽子”的杜达先医生，在 20 世纪 50 年代就在骨科专业内脱颖而出，他开展的自制股骨头髋关节置换手术，成功地填补了省内空白。他的这一成就，也得益于段老主任的支持。做为知识分子的段美卿主任，识才、惜才、爱才、量才及用才之心使人感动，他的胸怀和作风令人敬佩，能够做到这些实在是难能可贵的。新乡医学院的胸外科，在短时间内也开展了许多填补空白的手术，这与段老主任的高风亮节、科学管理不无关系。[②]

新乡医学院吴曰杰教授在追忆段老主任一文中，回忆自己读医学的时候曾到附院见习，有幸目睹段主任带领“四大金刚”和众医生在四病房(区)讨论病例，老主任长者风度、派头十足，

① 吴曰杰：“精神永存——追忆段美卿老主任”。
② 吴曰杰：“精神永存——追忆段美卿老主任”。

“四大金刚”，温文尔雅，各具特色，从下而上，渐次发言，各抒己见，气氛和谐。现今回忆起来，美好画面，历历在目，令人回味，令人神往，如此作风，对促进后学大有裨益。[①]

段美卿主任的工作态度严肃认真，在巡查病房时，若遇到一些不好的事情，敢于批评指正。他正直无私，有的时候甚至不讲情面，但一贯本着信仰行事，绝不搞当面一套背后一套。[②] 从一定层面而言，段美卿大夫为新乡医学院外科的发展立下了不朽的功勋。他的长者风范，不计私利、甘为人梯的精神，为后来的医务工作者及管理人员做出了很好的榜样！

**2. 重视发展，栽培下一代医务人员**

1954 年，政府在卫辉教会医疗机构和段大夫医院的基础上，成立了河南省汲县医士学校(后来发展为华北医师学校，华北医师学校也是新乡医学院的前身)，段美卿大夫欣然投入到了新中国的医疗卫生事业中来。“在医士学校从事医疗及教学工作，历任外科医生、外科主任、临床学科委员会主任、外科主任医师等职。他擅长普通外科，有丰富的临床经验，为医院培养了一批外科专业人才。”[③]

段美卿大夫是当时享誉豫北的名医，是新中国成立后为新医的发展做出过突出贡献的杰出代表人物。[④] 当时，新医附院陆

---

① 吴曰杰：“精神永存——追忆段美卿老主任”。

② 吴曰杰：“精神永存——追忆段美卿老主任”。

③ 邵金远：《近代豫北医学传教史研究》，第 262-263 页。

④ 吴曰杰：“我见——对 120 周年庆典文稿的浅见”。

续分来了河南大学毕业的张晓庄医生，留日回国的王树槐医生，河大外专的杜达先、王则虞，上海医学院外专的张逢吉，南通医学院外科学系的孙鸿源，武汉同济医学院的王相贤等；还有从北京医院回来的秦维康，从广州回来了张一峰等年轻医生。[①]这些医生后来的成长及发展成就，很大程度上也得益于段美卿主任的精心栽培和带领。

在长期的医疗实践和教学工作中，段美卿主任十分重视对年轻医生的培养，对他们很放手，敢于压担子，也敢于负责任。杜达先医师和孙鸿源医师在这一方面都深有体会。当他们第一次做手术时，承蒙段老专家鼓励，让他们大胆做，他自己为之承担责任。据后来成为院长的孙鸿源回忆，自己是在南京鼓楼医院实习后分配到这里来的，遇到这样一座医院，又遇上这样一个科主任由衷高兴。他开展的许多开创性手术都是在段老主任的鼓励鞭策下完成的。他还回忆起一件事，王树槐医生从上海学胸科回来顾虑重重，段老主任亲自给他做工作，让当时在普外已崭露头角的医师当第一助手，安排政治可靠的外科党支部书记当第二助手，鼓励他大胆开展工作，并且承诺为他负责任。当胸外科在短时间内就开展了许多填空白的手术时，同事们对老主任的高风亮节更是大加赞扬。[②]

① 吴曰杰："精神永存——追忆段美卿老主任"。

② 吴曰杰："精神永存——追忆段美卿老主任"。

## 结语

1985 年 4 月 10 日，在新乡医学院发布的讣告中赞誉道："段美卿同志热爱党、热爱社会主义。拥护党的路线、方针和政策。思想进步，工作积极，团结同志，平易近人。在长期的医疗和教学实践中，取得了显著的成绩，为学院的发展奠定了基础，给党和人民的卫生和教育事业作出了很大贡献。"[①] 新乡医学院的吴曰杰教授，在追忆老主任时感言道："如果我们的科主任、我们的院长，都能有他那样的胸怀和作风，何愁医学不进步，何愁医院不发展！就不会发愁医院留不住人才！"[②]

段美卿前辈虽是一位平凡的基督徒，但却在自己的医务岗位上发挥了"光"和"盐"的作用，为国家、社会做出了不朽的贡献。他在全民抗战时期的勇敢担当，以及在新中国医疗卫生事业中的突出表现及贡献，为后世所敬仰和铭记。他的光辉事迹，立足于社会与教会共融的两个群体，时时处处留下了佳美的脚踪。段美卿医生是广大基督徒与社会医务工作者当学习和效法的榜样，我们当以他爱国奉献、敬业友善等崇高之人格表现为楷模，完成自身的使命！

（作者系河南省基督教协会副会长、河南省神学院教务长）

---

① "新乡医学院讣告"，第 80 页。

② 吴曰杰："精神永存——追忆段美卿老主任"。

# 愿将血泪寄河山，去洒青州一抔土

## ——追忆爱国爱教的张宝箴牧师

郝书霞

张宝箴牧师，是一位爱国爱教的世纪老人。1901年，他生于内黄县，2003年辞世，享年102岁。他的一生经历了清朝、民国、北洋政府、国民党统治、新中国等不同的历史时期，阅尽沧桑，饱尝艰辛，是爱国、爱教、无私、善良、敬虔的典范。

### 一、反帝爱国的带头者

张宝箴的祖父张宽、父亲张永年都是虔诚的基督徒。在读书期间，张宝箴喜欢接受新的思想，在教会学校牧野中学读书的第二年，就带头倡导改造私塾的体罚、打板子，为后来的兴办学堂起了积极作用。

早年张宝箴认为战争是政治性的，教会要积极为社会做贡献，但不能参与政治。1918年，经过家庭的种种变故和国家形势的实际变化，他认识到没有国就没有家，作为一个基督徒，也必须热爱自己的国家。1919年爆发了“五四”反帝爱国运动。牧野中学的学生，积极响应，上街游行示威，声援北京学生。暑假期间，他们深入农村，向农民宣传“五四”爱国运动的伟大意义。这个时期，张宝箴受到了新思想、新文化的洗礼，阅读了大量的进步书刊，并积极地投身到新文化运动当中。新文化、新思想更激发了他立志报效国家的决心。

1925 年 5 月，上海爆发了五卅运动，英、日帝国主义枪杀无辜中国工人，全国上下掀起了轰轰烈烈的反帝爱国运动，牧野中学的同学们也上街游行示威。张宝箴作为牧野中学的代表，走在游行队伍的最前列，带领高呼“打倒帝国主义，帝国主义滚出中国去”等口号。他们也在街头巷尾和农村发表演说，号召广大工农群众起来参与反帝斗争。如此轰轰烈烈的群众运动，更加坚定了张宝箴爱教必须爱国的信念。

## 二、自立运动的倡导者

1926 年秋张宝箴到直隶省大名府基督教小学任教，后来被任命为基督教清教会督学，因此经常深入到大名一带的基督教小学视察工作。在这时，他萌发了教会应该独立的思想，认为西方的基督教应该扎根中国的实际情况。因此，他极力主张教会独立，要独立就必须由中国人来自治。1930 年，张宝箴正式开创教会独立工作。当时他约了几位教会中的中国同仁，成立了大名基督教自立筹备会，由他出任会长，从而摆脱了外国人对教会的控制。这样一来，极大鼓舞了中国人的志气，证明中国人也有能力办好教会。张宝箴除积极从事教会工作以外，还积极参加社会上的各种爱国活动。为了反对日本帝国主义对中国的侵略，大名各界成立了与日本绝交委员会。该组织的宗旨就是通过工作，促使政府与日本侵略者断交。委员会下边设立了三个股，即总务股、调查股、宣传股。总务股由当时大名商会会长任股长；调查股由大名师范学校校长任股长；宣传股由张宝箴任股长。张宝箴对从事此项活动积极热情，认真负责。他用自己的实际行动，为抵制日军的侵略、提高人民群众的爱国思想，起了积极的作用。

在这一段时间里，有两件事给张宝箴留下了极为深刻的印象：一是他教美国籍牧师尹格思夫妇学习汉语，从中他也提高了英语水平；再一件就是他报名参加了南京金陵神学院函授科，坚持四年自学，终于获得了神学院的文凭。因从事教会活动，他每天都要与外国人打交道，在与外国人的交往中，张宝箴总是不卑不亢。

1935 年下半年，张宝箴回到老家张村教会主持工作，这是他第一次主持自立的中国基督教会。经过中华基督教河南大会考核，由胡风华、张领等三位牧师举行受职礼，他正式被按立为牧师，从此，他决心把自己的一切奉献给教会事业。中华基督教是自立的教会，各地分会的主任牧师都是中国人。中华基督教总会设在上海，河南大会设在安阳，张村是分会。分会下边设回隆、方城、内黄、岳村、何村、石盘等六个支会。这些中国牧师有权洗礼，并规定外国人只有加入中国教会能才给他们安排工作，才能布道，而且外国人只能当辅助牧师，无权洗礼，中国牧师是主任牧师。由于张宝箴不辞劳苦的工作，张村教会十分兴旺发达，扩建了礼拜堂，兴办了教会学校，为教友开办了毛衣厂，并且教徒越来越多。张宝箴以他卓越的成绩，获得了同仁和教友的信赖，于 1941 年被选为中华基督教河南大会主席，执行部设在安阳。抗战胜利后，中华基督教河南大会于 1945 年底在汲县召开，张宝箴继续当选为主席。大会下设办事机构，仍在安阳。根据教会工作的需要，张宝箴由内黄来到安阳主持教会工作，不久他也把家搬到了安阳城里。

张宝箴在张村教会工作了 10 年，教会的经济费用，全是教友捐献，从不接受西方教会的补贴。张宝箴生活简朴清贫，农忙季节他就回家种地，包括播种、锄地、收割，亲力亲为。当春天青黄不接的时候，常以野菜充饥，以补充口粮的不足。

## 三、拥军助民的爱国者

张宝箴牧师认为爱国爱教不能分，但正义和邪恶是必须分清楚的。日本帝国主义侵略中国，致使千百万中国人民惨遭杀害。他以教会的名义坚决反对日本帝国主义的侵略，坚决支持中国人民抗战。当时有人劝他南下，到大后方安全的地方去。这种劝告虽属好意但他不能接受，他要和信徒们在一起，和群众在一起。他坚持好牧人要有为羊舍命的精神，好牧人怎能舍下羊群自己逃走呢？经过冷静思考和观察，张宝箴发现中国共产党领导的八路军是真正的抗日队伍。他们的武器装备虽说不如国民党军队的先进，但他们全心全意为人民服务，坚决抗日，不怕流血牺牲。1938 年，通过好友刘彩章（牧野中学的同学），他把自己的大儿子张照光秘密送到太行山参加了八路军。他一再嘱咐儿子：“共产党八路军是真正的抗日队伍，参加了八路军要好好干，要干到底，不能半途而废，给家里争口气，给国家争口气，要坚决把日本侵略军赶出中国去。”张照光参军后，遵照父亲的旨意，努力学习，勤奋工作，不断立功受奖，职务步步高升，后来成了师一级的干部。他在打倒日本帝国主义侵略者和社会主义建设中做出了自己的贡献。张宝箴常以自己的儿子能够在共产党的领导下进行革命工作而感到光荣和自豪。

## 四、救死扶伤的医护者

张宝箴把家迁入安阳以后，便把整个精力倾注到了教会工作中，他与同仁一起，做了很多有益于教会和社会的事情：开办了基督教难民小学，使很多教友的孩子获得了上学的机会；恢复了斌英中学①，马耀武为校长，张宝箴为董事长；还开办了布道员学习班，张岭、童照德、郑国新和张宝箴等牧师轮流给布道员讲课，积极为教会培养神职人员；协助联合国救济总署在安阳救济灾民；恢复了广生医院等。

广生医院是1914年开办的，抗战期间一度停办。为了恢复医院，张宝箴多方努力，聘请人员，购置器械，本着独立自主的精神进行发展。该医院以医疗技术高明、设备条件好、服务态度好，在当地享有盛名。从1947年起张宝箴任该院院长，主持全面工作。安阳解放前，职工思想动荡不安，有的离院回乡，有的乘飞机南

① 斌英中学大约是1918年开办的，抗战时期南迁，抗战胜利后在张宝箴领导下又重建。

逃，也有人主张医院南迁，迁到国民党统治区去。在此混乱的情况下，张宝箴偷偷派人见到了罗瑞卿同志的夫人郝治平同志，因为她是临漳县人，就向她打听共产党的宗教政策。郝治平对派去的人解释说：“共产党主张信仰自由，保护宗教，要相信共产党，不要有怀疑，要把医院保护好，解放以后，好为人民服务。”张宝箴决定医院不但不南迁，而且要积极做好各方面工作，迎接解放。他一方面千方百计地解决职工的实际问题，一方面招聘有名的医生，还开办了护士训练班。这样，医院不但没有散，而且还得到了巩固和发展。

1949 年 5 月，解放军攻打安阳城时，张宝箴不仅不恐慌，而且内心非常愉悦。在解放军总攻的当天晚上（即 5 月 5 日），有一位首长找到他说：“张院长，今天夜里我们要发起总攻，大炮、重武器比较多，爆炸力很强，请医院的同志们用纸糊一下玻璃窗，以免震毁。”解放军的如此关怀，更加坚定了张宝箴对解放军亲人的信任和爱护。在攻城时，负了伤的解放军同志被临时安置在广生医院内，在张宝箴领导下，医务人员精心为他们治疗，受到了解放军的热烈称赞。

安阳城一解放，张宝箴主动要求人民政府派政治工作人员到医院给职工讲解党的方针政策。1951 年，他主动请求政府接管广生医院。1952 年 12 月，人民政府接管了该医院，后改名为安阳市第二人民医院。张宝箴被任命为第一副院长。在政府接管前，医院上下出现了不小的波动，不少人有抵触情绪，有的人主张把医院内有价值的东西转移出去，有的人主张吃光卖净。张宝箴坚决反对这种错误态度，努力做职工的思想工作。对于政府接管的时间，他一直保密，直到接管前一天才发出布告，以免出现不好的状况，对政府接管不利。因此，在政府接管时，没有一个人拿公家的东西，连一瓶药水、一块纱布也没有丢失。外边欠医院一大笔款，他一并把账目交给了政府，一元钱也不少。全部工作做得如此周密，实属罕见。

## 五、非常时期的奉献者

1953 年，张宝箴由市第二人民医院调到妇幼保健院工作，继续任副院长，负责行政后勤方面的工作。在当时，这所医院的条件比较差，甚至连消毒锅也没有，但他没有一句怨言，仍是兢兢业业地工作。1958 年他被错划为“右派”（1961 年摘掉帽子），被免去副院长职务，开始做清洁工，每月只发给 35 元的生活费用。即便是如此，张宝箴依然积极乐观，忍辱负重，勤恳工作，每天给病人送饭、烧开水、打扫厕所等。他想无论做什么工作，都是为人民服务，都要做出成绩来。因“劳动改造好”，1961 年，张宝箴被摘掉了“右派分子”的帽子，任挂号员。他仍然不抱怨，继续创造性地进行工作。在挂号工作上，他用注音字母管理病历档案，因而业务井井有条，效率成倍提高，查找病历十分方便，即便是病人丢失了挂号证，只要能说出姓名，也能及时找到病历。“文革”中，厄运再次降临在张宝箴的头上。一些莫须有的罪名被荒谬地加在他的头上，说他家里有三部电台，是外国人走时留下来的，他可直接同外国人通话。他们编造各种流言和使用各种骗术，要张宝箴交出电台。这个所谓的“电台事件”，不但使张宝箴本人受尽折磨，而且使原广生医院的不少职工受到牵连，他远在部队的大儿子张照光也未能幸免。但张宝箴相信，党会实事求是，事情终会水落石出。后来经过调查研究证明，“电台事件”纯属捏造。到这时，张宝箴才洗去了污点，离开牛棚回到家里。1979年张宝箴在政治上得到了平反，恢复了他的工资级别。当他接到给他平反的通知书时，激动得热泪盈眶。

## 六、开放政策的贯彻者

严冬过后，春回大地，随着党的统战政策和宗教政策的恢复和落实，张宝箴全心投入到教会工作中。1981年，河南省基督教三自爱国运动委员会重新恢复工作，他被选为委员。1983年，他被选为安阳市基督教三自爱国运动委员会主席。

他坚决贯彻党的宗教政策，按照独立自主、自办教会的原则开展宗教活动。他要求信徒，不仅爱教，而且要爱国，要为社会建设服务、为人民服务。1980年以来，张宝箴连续被选为安阳市第六、七、八届政协常务委员。他积极参政议政，为安阳市的改革开放、为社会主义现代化建设献计献策，默默地奉献着自己的智慧和力量。

老牛明知夕阳短，不用扬鞭自奋蹄。用这两句话来形容张宝箴牧师再恰当不过了。本该安享晚年，但他仍不停地奋斗着，前进着。安阳基督教会的房产，因种种复杂的原因，被原安阳地区人民医院（现濮阳市安阳地区医院）占用了。按照党的宗教政策，教会的房产应该归还教会。据此，当时已经80多岁的张宝箴牧师四处奔走，多方努力，与不同部门协商解决方案。这充分反映了一个牧师的赤诚之心。

张宝箴牧师一生坚持爱国爱教，有情怀有担当。面对局势的动荡，他敏锐洞察；面对人生的坎坷，他乐观积极；面对教会的事业，他奉献全人。他是每一位基督徒学习的典范。

资料来源：

安阳市政协李濮先生撰写的纪念张宝箴牧师的文章《爱国牧师张宝箴》。本文未发表，由安阳市基督教三自爱国运动委员会主席龙天柱牧师提供。

2020年8月8日，于安阳采访张宝箴牧师的儿子张曙光。

（作者系河南省基督教协会副总干事、南阳市基督教协会会长）

# 护送共产党人回延安的刘亚哲先生

唐卫民

刘亚哲是烈士高金城牧师的女婿（长女高雪洁的丈夫），曾留学苏联。1938 年任国民党空军政治指导员，曾担任新疆警备司令部第四处处长、京沪铁路局局长等职。新中国成立后担任全国政协委员。他多年受岳父高金城烈士的教诲和基督信仰的影响，始终站在同情共产党人的立场上，为营救革命志士做出了积极贡献。

## 一、护送背景

1942 年在苏德战争局势变化和国民党反共高潮的影响下，新疆封建军阀盛世才背叛了与共产党的统战关系，投靠了蒋介石，在省内大搞白色恐怖，疯狂地逮捕和屠杀共产党人和爱国人士。陈潭秋、毛泽民、林基路、马明方、方志纯、张子意、杨之华、高登榜等革命骨干及其家属 130 人相继被关押，受尽酷刑虐待，营养不良、身体虚弱多病。抗日战争胜利后，国民党被迫答应释放在押的“政治犯”，中共非常珍惜这个机会。

1946 年 3 月，张治中将军出任蒋介石西北行营主任兼新疆省主席。在他离开重庆赴新疆之前，周恩来和邓颖超亲自到他家里，嘱托他到新疆之后，将关押在监狱里的共产党人送到延安，张治中答应了周恩来的要求。经过张治中多日与蒋介石的电报沟通，蒋介石勉强同意释放关押在新疆的“政治犯”。

张治中指定新疆警备总部交通处处长刘亚哲负责武装护送被盛世才关押的一批共产党人回延安。临行前，他对刘亚哲说：“这个任务很重要，是一个政治任务，你要努力。新疆境内很复杂，要注意安全，对他们的生活要照顾好。”

## 二、护送经过

高金城烈士的女婿刘亚哲多年受岳父高金城的教诲，信仰基督教。特别是高金城遇难后，他始终站在同情共产党的立场上。1938 年在兰州空军部门任政治指导员期间，刘亚哲结识了谢觉哉、伍修权、王定国等老一辈革命家，了解共产党的抗日救国政策。经多方考虑，张治中和新疆警备司令部陶峙岳总司令商定派刘亚哲带队出行，因为刘亚哲是交通处处长，对去延安沿途交通情况和路线熟悉，既是沿途交通站的顶头上司，又有少将军衔，遇到问题可以立即就地解决。为了顺利完成护送共产党员回延安的任务，受张治中将军和陶峙岳总司令的委托，刘亚哲需要草拟护送计划。从新疆到延安有三千多公里，途中要经过炽热的火焰山、浩瀚的戈壁滩，刘亚哲计划安排十部十轮大卡车，每车坐十几人，吨位宽、面积大，随车配备军医、军需人员、通讯人员、照料人员，为了确保安全，还配备了一排武装部队，并以张治中将军的名义，通知沿途各省市军政警宪妥为保护。虽然前期进行了周密部署，但是一路上依然困难重重。

**1. 途径火焰山**

1946 年 6 月 10 日，100 多名中共人员都集中在第二监狱等待启程，护送人员陆续到达。刘亚哲带着副官李英祥前往清点人数，突然发现各车配备的照料人员中有人是特务机关派出的。为防止特务机关安排的各车“照料”人员途中隐情不报，刘亚哲亲自让中共人员指定代表直接和他保持联系，随时解决旅途中遇到的问题。为了躲避车上的军统特务，杨之华（瞿秋白的妻子，当时化名杜宁）和刘亚哲不时用俄语交流。

1946 年 6 月 10 日，刘亚哲和副官李英祥护送车队由迪化（现在的乌鲁木齐）出发，一路颠簸到达火焰山。这时火焰山的气温高达 50 多度，骄阳似火、酷热难忍，这一带的居民都居住在地窖里。车队刚到山谷，一辆汽车的十个轮胎就被热化了六个。车队停了一个多小时，换上了备胎，才继续前行。在车上的部分共产党人严重伤残不能自理，如谢良只有一条腿、罗云章的两条腿都没有了，刘亚哲都亲自背着他们上下车。

**2. 西安遇险**

经过九天九夜的风雨兼程，当车队快到西安时，刘亚哲忽然接到胡宗南电报：刘处长亚哲，不要去西安，要到咸阳去，那里设有“招待所”。刘亚哲顿觉情况不妙，因为胡宗南在咸阳关押进步人士、迫害革命青年。刘亚哲紧急和杨之华、高登榜等人协商，寻找对策。此时，刚好车上有位叫谢奇光的病号高烧不退，病情恶化，急需抢救。听闻此事，刘亚哲立即做出决定，车队连夜前往西安医院，抢救垂危病人。车队一路奔驰，迅速把病人送到西安医院抢救。然后，刘亚哲又将其他人员护送到了十八集团军办事处（即八路军办事处）。办事处把 130 多名共产党人下榻十八集团军办事处的消息公布出去，以制造舆论。因着统一战线的威力和社会舆论的压力，胡宗南不敢轻举妄动，最终他的阴谋没有得逞。

**3. 西安第二次遇险**

在西安的第六天，熊汇荃（即熊向晖）通知刘亚哲去见胡宗南，胡宗南气势汹汹地说："这批人不能交，政治部有意见，要审查。"[①]胡宗南还追问是否有瞿秋白的太太。刘亚哲知道胡宗南想要以审查为借口扣留这批共产党干部，等到蒋介石全面发动内战，向解放区下达总攻命令时，就把这批人处死。与此同时，刘亚哲多次给张治中电报，最终经过多方同意，车队从西安出发，前往洛川。当时，军统特务机关派人威胁刘亚哲不能去解放区，刘亚哲担心途中若遭到武装特务的伏击，100 多位共产党员的生命丧于一旦，整个护送计划也将前功尽弃。刘亚哲意识到，只有扩大统一战线才能转危为安。于是他提出自己出钱在洛川宴请共产党人，高调举行联欢晚会，并请洛川专员余振东、县长周景龙出席，欢送共产党人过境。这样可以使洛川县民间都知道共产党路过洛川的情况。刘亚哲此举一方面是趁机向张治中将军汇报，

---

① 陈金荣、姚兴宏主编：《祁连忠魂——高金城》，高金城烈士纪念馆，2012 年，第 185 页。

另一方面拖延时间。最终，军统让特务听从刘处长指挥。

## 三、出色完成护送任务

刘亚哲带领的车队在洛川停留三天后继续出发，到达延安南边的鸡加村。朱德总司令派人在这里举行了隆重的欢迎仪式，迎接这批共产党干部，并向张治中将军和刘亚哲处长赠送了皮筒、毛毯、毛线等礼物。刘亚哲还收到朱总司令和周副主席给张治中将军的署名感谢信。当刘亚哲办完交接手续准备动身返程时，护送回来的十几个孩子，排着整齐的队伍，唱着在监狱里学的革命歌曲，高喊："刘叔叔再见！"看到这些革命的后代，刘亚哲热泪盈眶。

为完成这次护送任务，刘亚哲往返历时三个多月，途中困难重重，波折不断。但他机智勇敢、巧妙周旋，使 100 多位共产党高级干部虎口逃生，成功地回到延安。作为高金城烈士家属，身为基督徒的刘亚哲为护送共产党员做出了积极贡献，他对革命统一战线的拥护，对中国共产党的赤胆忠心，值得我们学习。

# 如兰馨香飘人间

## ——冯兰馨医师生平事迹略述

靳新元

“冯家大夫多，一坐一大桌，叫声冯大夫，不知指哪个。”这是山东临朐当地非常有名的顺口溜，说的就是冯氏医学世家。冯兰馨医师，就是这个医学世家中的佼佼者。

### 一、医学世家，悬壶济世

山东临朐县蒋峪镇西田峪村，有个著名的“冯氏医学世家”。临朐冯氏，自冯裕始，先后有冯惟敏、冯惟讷、冯琦、冯溥等人物，以文著世，载入史册，海岱学者，皆首推之，誉称“临朐冯氏文学世家”，1991年版《临朐县志》对此已有记载。18世纪中叶，冯氏一支，自祖居老龙湾畔迁居沂山北麓蒋峪西田峪口村，至冯惟敏后第十三世冯殿升，尊祖训，继家学，毕生执教，且耳提面命，教诲子孙“不为良相，则为良医”“学而不必博，要之有用”“须有一技之长……一以福国利人”。力遣子孙就读学业，继之后裔四代，深得家学蕴奥。自 20 世纪 30 年代至世纪末，冯氏家族从医者 50 余人，有教授、副教授、主任医师、副主任医师 21 人，主治医师 20 多人，其中不乏医术精湛的国内外名医，为祖国医疗卫生事业乃至世界医学科学作出很大贡献，原国家卫生部部长钱忠信赞誉道“岐黄医术，博古通今，思邈遗风，济世寿人”，堪称“医学世家”。[①]

冯兰馨医师，就是冯氏医学世家成员之一，他是冯文修之长子，1904 年出生于山东临朐县蒋峪镇西田峪村，1921 年于益都守善中学毕业，后考入齐鲁大学医学院，在校时曾以优异成绩多次获得学院奖学金。1930 年他获得加拿大多伦多大学赠予的医学博士学位。

完成学业后，冯兰馨先后在山东周村复育医院、山东潍县乐道院医院、河北大名宣圣会医院任外科医师及主任。行医期间，冯兰馨医师兢兢业业，悬壶济世，造福患者，并矢志攻克疑难病症。

## 二、归主蒙恩，践信于人

1900 年前，冯兰馨的祖父看到一本基督教小册子而信主，随后带领四个弟兄在村里建了一座礼拜堂，成立教会。1904 年 10 月冯兰馨出生，从小耳濡目染，基督教福音的种子深埋在他的心灵里。

《历年来我从主听到的话语》这本小册子是冯兰馨医师的

① “临朐冯氏医学世家”，潍坊市县志库，http://lib.sdsqw.cn/bin/mse.exe?seachword=&K=c7&A=2&rec=147&run=13，2020 年 7 月 30 日。

个人见证集，于1992年6月1日成稿于新乡市。在这本小册子中，冯兰馨记述了自己人生中的重要事件，如归信基督教，跟随共产党奔赴前线抗日救国，用医术救治八路军伤员等。

1931年，山东周村教会从河北大名请了柳守义牧师讲道五天，第五天下午冯兰馨听到“人不重生，不能进神的国”时，心里很受感动，从此热心参与教会事工。1935年，冯医师到河北大名宣圣会医院工作。在此期间，他仍经常在假期回山东老家宣讲福音，服侍教会。几十年来，无论得时不得时，冯医师总是把服侍教会、拯救灵魂、治病救人、荣神益人作为他活着的要务。

冯兰馨医师有一个热心事主的妻子，她刚毅贤惠、聪敏勤奋、吃苦耐劳。他们夫妇对子女要求严格，一直教导子女要荣神益人。他们的子女及其后代在各行各业中都成为有成就的人，努力服务社会，造福他人。

冯医师一生不贪爱钱财，不追求享受，勤奋俭朴、平易近人、爱憎分明，他86岁高龄时书写“勤能补

拙，俭可养廉”和“轻重缓急须深思，善恶是非应明辨”两个条幅，精心装裱后悬挂于内室床头。他在重生后60多年的生活中，无论春夏秋冬，都是每早三四点钟就起来祷告，天天研读圣经，用圣经的教导严格要求自己，一直到90多岁。

冯兰馨医师切实遵行主耶稣“彼此相爱”的命令，乐于在家中接待信徒，安排信徒食宿，不分远近，不分尊卑，不分城乡，不分老少，把自己很大一部分收入奉献给教会和信徒。他一生没有多余的衣物，看见谁需要，立时就给谁，他确确实实地知道自己是耶稣的身体——教会的一份子，爱教会、爱信徒，一生把自己的全部精力用于为主工作，荣耀神，服侍人，努力做神忠心的仆人。

## 三、爱岗敬业，赤诚忠心

冯医师医术精湛，善于钻研和探索。1932年他为一位被一家大医院误诊为肝癌的患者，成功地进行手术，摘除重约4公斤的巨大肝包虫囊肿，名声大震。为此母校派人取回摘除物，制成标本供教学用。他还多次为危重病人献血，这在当时的医务界实属罕见。抗日战争爆发后，冯医师回原籍农村行医。

1945年春，他被冀鲁豫边区政府邀请前往解放区行医治病，他毅然决然地跟着八路军，为部队首长、战士和当地群众治病，后被冀鲁豫行署聘为卫生顾问。边区医疗条件十分简陋，冯医师克服种种困难做了很多手术，拯救不少生命，包括我党我军的一些高级将领。冯兰馨医师一边行医治病，一边还举办多期医疗学习班，自编教材，担任教员，为边区培养了大批医疗技术人员。这些学员在新中国成立后大多成了医务界的领导干部。他在油灯下编写了11万字的《近代实用外科手术学》，出版后深受医务人员欢迎。冯兰馨医师克服种种困难，跟随共产党奔赴前线抗日救国，用自己的医术医治伤员、救助百姓，并且呕心沥血地为边区培养医务人员，这一系列的举动表明了他强烈的爱国情怀。

新中国成立后，冯医师曾担任平原省卫生厅顾问，1952年11月平原省撤销后，冯医师赴北京任北京中医研究院附属医院外科主任。之后也曾在郑州、新乡、开封等大中城市的医院工作，曾任外科主任、河南省政协委员。

从20世纪40年代初伊始，冯兰馨医师进行注射疗法的研究，经过十几年的探索、实践，50年代成功应用于临床。1956年他接收一个出生仅几个月，鼻、唇、眼下、腮部长有硕大血管瘤的女婴。女婴父母抱着她曾去齐齐哈尔、哈尔滨、沈阳及北京儿童医院、苏联红十字医院求治，均无良方。一位苏联医学专家甚至断言“中国治不了这种病”。冯医师采用注射无水酒精的方法，终于治愈女婴面部的血管瘤。20年后，当年的女婴长成了大姑娘，她的脸上很难看出曾患血管瘤的痕迹。

1958年，冯医师担任开封市人民医院外科主任医师。1959年主持新设“注射外科”的工作。20多年来，他治疗直肠脱垂、三叉神经痛、血管瘤、脱出性内痔、神经性头痛、颜面抽搐等30余种疾病，病人达十万之众，患者来自全国多个省、市、自治区，河南100多个县市都有他治愈的病人。他在开封创立了一个新学科——注射外科。1978 年，冯兰馨荣获河南省重大科技成果奖，他被评为河南省先进科技工作者。《健康报》《河南日报》《光明日报》先后进行报道。他在《中华医学杂志》《中华外科杂志》《新医学》《健康报》等报刊上发表《直肠脱垂注射疗法之改进》《血管瘤治疗经验》《三叉神经半月节注射疗法》《痔注射疗法》《海绵状血管瘤一例》《2641 例儿童健康（血像）分析》等近 20 篇论文。

1985 年，冯兰馨医师和他的长子冯克一医师合著的医学专著《注射外科学》出版，全书 30 万字，图文并茂。该书对不同系统的 30 多种用手术刀或其他方法解决不了的疾病进行详细的介绍。该书内容提要中写道：著者经过近 40 年的研究和临床实践，摸索出一套治疗三叉神经痛等疾病的方法，填补了医学中的某些空白，并形成了外科学中的新分支——注射外科。本书就是著者研究和实践的总结，本书详细论述神经系统、骨骼肌肉系统、血管病、直肠肛门病、皮肤病等 30 余种疾病的病因、病理、注射治疗方法、药物及注意事项，见解独到，资料丰富，内容详实，方法可靠有效，具有较高的科研和临床价值。

鉴于冯医师在医学界的贡献，1990 年他成为河南省两位首批荣获国务院政府特殊津贴的高级知识分子之一，在晚年享受着国家的优厚待遇。

2000 年 2 月 27 日，冯医师走完了光明磊落的一生，在河南新乡与世长辞。在教会，冯医师信仰虔诚，荣神益人；在社会，冯医师爱岗敬业，忠于职守，为国家作出了应有的贡献。冯医师的一生，是虔诚的一生，是敬业的一生，更是爱国的一生，诚如其名：如兰馨香飘人间。

（作者系河南神学院教务长助理）

# 率先垂范爱国家，真情实意爱教会

## ——记河南省基督教三自爱国运动委员会首任副主席兼秘书长陈率真牧师

王保全

他被誉为“河南基督教发起三自爱国运动的第一人”[①]；他是中国基督教“两会”第三、第四届代表会议代表及委员；也是河南省基督教三自爱国运动委员会第一至四届第一副主席（兼第一至三届秘书长）、河南省基督教协会第一至二届第一副会长、开封市基督教三自爱国运动委员会第一至七届副主席（兼第一至三届秘书长）、

① 樊化江：《大象无形：宗教工作随笔》，北京：宗教文化出版社，2006 年，第 249 页。

开封市基督教协会第一至二届第一副会长[①]；曾历任开封市第二、三、四、五届人民代表，河南省政协第五、第六届委员会委员。在他的墓志铭上刻写着："这里安息着两位虔诚的基督徒，靠着主的引导帮助，他们宽厚仁爱、勤勉俭朴、荣辱不惊。经历了无数的困苦和磨难，行完了荣神益人一生的路。今天他们已安住在天父光明的家中了。"[②]这位率先垂范爱国家、真情实意爱教会的前辈，就是河南省基督教三自爱国运动委员会首任副主席兼秘书长陈率真牧师。

## 一、保家卫国的战士

陈率真（1907.03.11—1990.07.15），男，河南省长葛县吴岗村人，清・光绪三十三年（1907）出生于一个贫苦农民家庭。

### 1. 生逢乱世

陈率真生逢乱世，他的童年时代是军阀混战、民不聊生的时代，也是中国近代各种矛盾集中爆发的多事之秋，这也注定了他会有着不平凡的经历。陈率真自幼聪颖好学，初入学塾启蒙，熟读四书五经，深受儒家传统影响。

### 2. 弃笔从戎

1925 年的"五卅惨案"，激起了包括陈率真在内的全国民

① 赵家珍主编：《开封市民族宗教志》，香港天马出版社，2000 年，第 300-301 页。

② 《陈率真、皇甫慕真伉俪墓志铭》，开封市基督教公墓，1998 年 4 月 12 日复活节立。

众的极大愤慨，反帝爱国的情绪达到了高潮。陈率真有感于国难当头，于是弃笔从戎，1926—1928 年，先后就读于临颍、宝丰建国军军官学校、国民革命军武昌军官学校。

武昌军官学校是黄埔军校武汉分校，成立于 1926 年 10 月 27 日，以武昌两湖书院为校址。1928 年学业期满后，陈率真报名考入湖北宜昌的护党救国军，开始了从军生涯。后被编入汉口国民革命军第十八军，自 1929 年至 1930 年间，他曾先后担任排长、连长等职。

**3. 离开军界**

因在战争中腿部受伤致残，加上对于军阀混战、民不聊生的时局不满，1930 年年末，陈率真回到家乡长葛定居，从此离开军界。

## 二、抗日救国的传道

**1. 成家立室**

返回老家定居后不久，在家族长辈的安排下，陈率真迎娶了比自己小 9 岁的皇甫慕真（1916.12.13—1998.12.28）为妻。二人性格相投，婚姻幸福美满。婚后育有一子一女，长子陈一洁，次女陈建新。

在此期间，陈率真伉俪听闻了基督福音，接受了耶稣基督为个人的救主，并随即受洗加入了基督的教会。靠着上主的引导帮助，他们宽厚仁爱、勤勉俭朴、荣辱不惊。

2. 布道抗日

（第二排右起第一位为青年时期的陈率真牧师）

从1931年到1945年长达14年的时间内，是20世纪中华民族灾难最深重的时期。“九·一八事变”之后，东北大片土地沦丧。1932年1月28日，日本又对上海发起了军事进攻，十九路军奋勇抵抗，极大地鼓舞了全国人民的爱国热情和斗志。1937年“七·七”卢沟桥事变后，抗日战争全面爆发。侵略军的疯狂残杀，中华民族所遭受的惨绝人寰的伤害，全国军民的前赴后继、英勇奋战，在人类历史上都是绝无仅有的。

从1936年（29岁）起，陈率真先后就读于美国南浸信会在开封办的豫皖圣经学校、在山东黄县办的华北区浸礼会神学院。1942年（35岁）陈率真从神学院顺利毕业，开始公开布道，并曾担任浸礼会布道团团长。他为人耿直，坚立强国之志，常怀爱国之心，在与广大基督信众的日常接触中，常常情不自禁地抒发着爱国之情，显出深厚的爱国主义情怀。

抗日战争时期，陈率真牧师在布道中，常常激动地向信徒宣讲抗日救国的道理，引用杜甫、李清照等古人的诗词“国破山河在”“生当做人杰，死亦为鬼雄”等激发信徒们的爱国热情，号召信徒“坚决不要当汉奸，不要替法西斯卖力”，表现出了一个正直的中国人的民族气节。

## 三、拥党爱国的牧师

### 1. 坚持三自

1949 年新中国成立后，陈率真坚决拥护中国共产党的领导，坚决走独立自主自办教会的道路。特别值得指出的是，陈率真牧师是积极响应吴耀宗先生提出的基督教三自 ( 自治、自传、自养 ) 革新运动，在河南发起三自爱国运动的第一人。

1950 年 7 月 28 日，吴耀宗先生等基督教各宗派 40 位领袖联名发表了题为《中国基督教在新中国建设中努力的途径》的宣言 ( 后来简称为《三自宣言》)。宣言提出中国基督教的“总的任务”是：“拥护共同纲领，在政府的领导下，反对帝国主义、封建主义和官僚资本主义，为建设一个独立、民主、和平、统一和富强的新中国而奋斗。”号召教徒“肃清基督教内部的帝国主义影响”，“在最短期内实现自力更生的目标”，“促成一个为中国人自己所主持的中国教会”，实现“自治、自养、自传”的任务。该宣言向全国信徒征求赞同签名。宣言公开发表后，在基督徒中引起强烈的反响。中国基督教当时共有 100 多个教派，其中河南省有 20 多个教派，绝大多数都是外国各差会在中国办的。

当时新中国刚成立，外国传教士还在各教会主持着教务。一些外国传教士在中国教牧人员和信徒中散布“共产党迫害宗教”等谣言，在教牧人员和信徒中引起普遍的疑虑和恐惧。不少神职人员对吴耀宗先生等人的《三自宣言》还持观望、犹豫态度。在河南，陈率真牧师此时能第一个站出来响应，率先在他传教的地方——尉氏、通许、洧川等地，开展三自革新运动，表现出了他“过人的胆识和坚决跟共产党走的决心”[1]。他忍受腿疾之苦，积极奔走于尉氏、通许、洧川等地，与教牧人员和信徒谈话，揭露帝国主义利用基督教的事实，启发他们的爱国觉悟，提出割断与外国教会的联系，把外国人办的教会变成中国人独立自办的教会，实现自治、自养、自传。当年 8 月，他组织信徒在《三自宣言》上签名。到 9 月份，在他的带动和组织下，有 2000 多名信徒签名拥护三自革新。

抗美援朝战争爆发，陈率真在尉氏县发起基督徒抗美援朝、保家卫国的游行。陈率真育有一子一女，在他的动员和影响下，两个孩子都参加了中国人民志愿军，到朝鲜作战。

1951 年应开封市基督教爱国人士的邀请，陈率真来到开封，帮助开封浸礼会开展三自革新运动。当年春季，开封浸礼会在人民会场召开三自革新运动大会，陈率真牧师作动员讲话，揭发控诉美帝国主义的侵华罪行及其代理人在教会的活动。会后陈率真牧师亲自到浸礼会华内区所属的郑州、徐州、亳州、商丘、永城等地发动信众开展三自爱国运动。7 月 26 日，浸礼会华内区 ( 包

① 樊化江：《大象无形：宗教工作随笔》，第 250 页。

括开封、郑州、商丘和安徽亳州 4 个教区 23 个市、县）在开封成立了三自革新促进委员会，陈率真牧师当选为主任委员，并发表了三自革新宣言，带领信徒走上了三自革新的道路。[①] 到 1953 年 9 月，河南省基督教界在《三自宣言》上签名的达 44000 多人，占全省基督教总人数（12 万人）的三分之一，占全国签名拥护宣言的教徒（40 万人）的十分之一。人数之多在全国各省中排名第二位。

1955 年，开封市基督教各教派在"联合礼拜"的基础上，召开了第一届信徒代表会议，成立了开封市基督教三自爱国运动委员会。陈率真牧师当选为副主席兼秘书长。

**2. 拥党护党**

1957 年 10 月 28 日到 12 月 4 日，中国基督教三自爱国运动委员会召开了第十次常委扩大会，各地基督教界代表们纷纷表示要同全国人民一道坚决地走社会主义道路，坚定热爱社会主义祖国的人民立场，拥护共产党的领导，警惕帝国主义利用中国基督教反对共产党和新中国的阴谋活动，并且大力协助政府贯彻宗教政策。会上，陈率真牧师作为河南代表发言，揭露了少数反动分子、流氓和坏分子利用教会和"自由传道"进行反共反社会主义活动，以及破坏教会、危害社会治安的罪行。[②]

---

① 张忠信、郭天增、刘海洲："他为三自革新运动作出了贡献——记开封基督教牧师陈率真"，马晓南主编：《开封文史资料（第十辑：民族宗教专辑）》，开封市政协文史资料委员会，1990 年 10 月，第 212 页。

② 新华社："基督教界代表通过大辩论受到深刻教育 热爱祖国坚决走社会主义道路"，《人民日报》，1957 年 12 月 7 日。

由于中国教会在经济上、教务上割断了与外国差会的联系，陈率真牧师积极带领信徒走生产自救道路。1958 年他已年过五旬，而且身体又不好，但仍能积极响应政府的号召，同其他年轻的教牧人员一起，到无线电元件二厂当工人，并在实际工作中爱厂如家，忠于职守，以坚强的毅力在平凡的工作岗位上为工厂作出了许多有益的贡献，多次受到领导和工友的称赞与好评。

1966—1976 年“文革”期间，陈率真牧师多次被批斗，蒙受了不白之冤。在工作、生活条件十分艰难的情况下，他仍始终坚信中国共产党的领导，相信党的宗教信仰自由政策，并且从未发生动摇。1979 年陈率真从工厂退休，仍然积极从事教会工作。

党的十一届三中全会以后，他的冤案得到平反，并担任了河南省基督教三自爱国运动委员会副主席、河南省基督教协会副会长等职务。他认真贯彻执行党的宗教政策，积极支持全省教会为“四化”服务，坚决抵制海外宗教敌对势力的渗透活动，带领广大信徒开展正常的宗教活动，为河南省基督教会的恢复与重建、为经济社会的安定与发展作出了积极的贡献。

**3. 捐献遗体**

陈率真生活极为简朴，直到去世，他一直居住在教会三间低矮阴暗的平房里。他一生饱经风雨沧桑，练就了豁达开朗的性格。自 1988 年以后，他就开始计划自己的身后之事：萌发了在去世后将自己的遗体无偿捐献给医学教学和科研事业的念头。年逾八旬的陈率真老牧师多次做老伴、子女和亲属的思想工作，希望他们理解和支持自己的心愿。

陈率真牧师参加“中国基督教第四次全国代表会议”，左起第四为陈率真牧师。

他于1988年12月，亲自到河南医科大学办理了捐献遗体的法律手续，在辞世之后，遗体供教学、科研之用。同时又立下遗嘱，去世后丧事从简，不收礼、不收挽幛、不收花圈，表现出他的高风亮节和崇高的思想境界。

在陈率真牧师养病期间，省、市委统战部，省、市政协，省、市政府宗教事务局等领导多次登门探望。陈率真牧师于1990年7月15日在河南省开封市逝世。开封市人民政府宗教事务局就其移风易俗、无私奉献的精神发了通报。

陈率真牧师的一生，是服侍教会、牧养群羊、信仰坚定的一生，是拥党护党、热爱祖国、与党同心同行的一生，是独立自主、注重团结、办教坚持“三自”的一生，是融入社会、服务社会、勇担社会责任的一生……在党和政府的领导下，陈率真牧师带领广大信众爱国爱教、荣神益人，为河南基督教事业作出了不可磨灭的贡献，在河南省基督教历史上写下了辉煌的一页。他的思想和品德，值得我们永远学习和缅怀。

（作者系河南省基督教两会同工、河南神学院教师）

# 历经难中难，心如铁石坚

## ——纪念中原赤子张明新长老

唐卫民

张明新，河南邓州人，早年参加冯玉祥北伐军，任军医。是烈士高金城牧师在甘肃张掖培养的医务人员之一，为营救西路军做了大量工作。新中国成立后他扎根偏远陇西乡村，在肃南裕固族自治县担任医院院长，被誉为牧民的“好大夫”。

### 一、拜师学医，扎根陇西偏远地区

1922 年，张明新在甘肃结识河南籍老乡高金城。他见高金城思想开放、秉性耿直、医术精湛，为人慷慨大度、品德高尚，就拜高金城为师，学习中西医，立志造福甘肃人民，解决百姓疾苦。学成后，他不仅创办了自己的诊所，还被按立为长老，[1] 参

---

① 陈金荣、姚兴宏主编：《祁连忠魂高金城》，兰州：高金城烈士纪念馆，2012 年，第 116 页。

与内地会福音的管理和讲道工作。在龙渠乡修渠工程中，不少民工生病，张明新受高金城院长委派为民工义务看病，解决农民的实际困难，他助人为乐的精神受到诸多称赞。

1936年10月10日，中央军委电令四方面军河西部队改称西路军，执行西进任务。西路军在甘肃河西走廊与马步芳、马步青的骑兵部队进行顽强艰苦的斗争，广大红军以鲜血和生命谱写了英勇悲壮的战斗篇章。1937年3月，在梨园口、康隆寺战斗后，部队被冲散，很多红军流落到张掖、南山一带，在那里饥寒交迫、处境艰难。高金城及其徒弟张明新等福音医院医护人员听到消息后义愤填膺、痛心疾首。

## 二、不畏艰难，献身营救红军工作

为了营救流落在河西的西路军，中共中央驻兰州代表谢觉哉和八路军驻兰州办事处的彭加伦、朱良才与福音医院院长高金城牧师研究决定，由高金城负责在张掖一带营救红军战士。高金城牧师毫不犹豫地接受党的委托，以福音医院为据点，进行营救工作。高金城院长委派大徒弟张明新、马春明（洛阳人）、陈大伟和张秀玉夫妇等协助营救工作。医生张明新长老立即关闭自己的诊所、药铺，回到福音医院配合寻找红军的工作。张明新的第一个任务就是护送红军王定国。他在高金城院长的亲自安排下，准备了一辆马车，冒着生命危险，机智地通过道道关卡，历尽艰辛，安全地把王定国从张掖护送到兰州八路军办事处。王定国完成任务之后，张明新又用马车护送王定国回到张掖福音医院一同开展营救失散的西路军战士的艰巨工作。高金城在福音医院写了100多张字条，上写：“中国工农红军改为十八集团军，在兰州有办事处，地址在南滩街五十八号，朱良才同志在那里接应你们。”并派张明新和王定国带上字条以到乡下巡诊为名在民乐县孙家庄南山一带散发，[①]寻找红军下落。此时，甘州等地风声很紧，进出邮件受检查，汽车站不售票，一些道路设立了哨卡，蓝衣社特务四处活动。高金城听说西路军政委陈昌浩在张掖祁连山下的花寨子村躲藏。张明新受高金城的委派和王定国等一起背着药箱、带着高金城配制的冻伤膏和自己制作的绑腿、碗筷、人丹等到民乐、山丹、倪家营等地安全将陈昌浩等一批红军转移到福音医院。

## 三、舍生忘死，保护福音医院

高金城是甘、凉、肃三州抗日敌后会主任，是福音医院院长，也是福音堂牧师，他是知名的民主进步人士。高金城失踪后，张明新医生感觉情况不妙，及时给高金城的夫人牟玉光发了电报，高夫人急忙赶回兰州向韩启功要人，韩启功佯装不知情。张明新和河南籍老乡苟志英同高夫人在福音医院流泪祈祷，并安慰高夫人。不久，马步芳的部队抢占医院，药房被盗光。为了继承恩师高金城的遗志，保护福音医院不被抢占，确保伤残红军的人身安全，张明新一方面继续安全转移、护送红军；一方面给河南老乡苟志英写信：“教友多次开会，大家怀念高院长在张掖的业绩，

① 陈金荣、姚兴宏主编：《祁连忠魂高金城》，第12页。

对高院长的失踪非常气愤，一致决定在福音医院创办小学，以继承高院长的遗志，完成他的事业。”[①] 张明新医生奉献了自己所有积蓄，同时发动教友及在兰州的河南籍基督徒老乡积极捐款，购置桌凳、教学器材、聘请教员等，把学校定名为“金城小学”。张明新被推选为学校董事长，苟志英担任校长。

## 四、低调做人，教育子女报效国家

新中国成立后，张明新继续在张掖从事医务工作。他在肃南一带行医，这一带牧民较多，地处偏僻，交通闭塞，牧民生活艰苦。张明新放弃了去城市医院的机会，深入山区，为牧民治病。他对自己的子女要求非常严格，教育他们要刚直不阿、公义正派，学习高金城院长甘心奉献、乐于助人、爱憎分明的高尚品质，要多为社会主义新中国贡献力量。他的孙子张克汉后来担任民乐县纪委书记。[②]1984 年，老红军王定国专程来到民乐县找到张明新的孙子，对他说：“您有个好爷爷，是人民的功臣。”[③] 王定国对张明新的生活十分关心，在北京多次给张明新写信、打电话。晚年，张明新思乡心切，回到了老家邓州，王定国每逢节日都向张明新寄些慰问金。1984 年，张明新医生在邓州去世，临终前他嘱咐子女不要给政府增添任何麻烦，不发丧、不开追悼会。

---

① 陈金荣、姚兴宏主编：《祁连忠魂高金城》，第 12 页。

② 陈金荣、姚兴宏主编：《祁连忠魂高金城》，兰州：高金城烈士纪念馆，2012 年，第 170 页。

③ 陈金荣、姚兴宏主编：《祁连忠魂高金城》，第 170 页。

作为医生，他德医双馨、救死扶伤；作为公民，他不畏强暴、持守正义；作为长老，他信仰虔诚、爱国爱教。他在平凡的岗位上作出了不平凡的贡献，他与中国工农红军肝胆相照、生死与共，他不畏艰险营救共产党人的英勇事迹和高金城烈士的崇高精神一起，铭刻于中国革命的记忆长河。

# 爱国教育家吴惠民牧师

卢亚楠

吴惠民牧师，1908 年出生于河北省临漳县一个基督徒家庭。他 5 岁入教会创办的安阳斌英小学，后来升入斌英中学，1925 年毕业于安阳县第十一中学，之后考入国立北京农科大学。因忧国忧民，不堪北洋军阀统治，心怀救国救民大志，吴惠民决心献身革命，于 1926 年到广州黄埔军校第四期政治科学习。1926 年 7 月毕业后，他参加北伐战争，曾在叶剑英领导的教导团任政治指导员。吴惠民在历次战斗中表现出了不怕牺牲、忘我工作的精神。1927 年 7 月，吴惠民加入叶剑英领导的教导团，并任连指导员，参加了著名的广州起义。1933 年他从北京国民大学政治系毕业，1938 年开始参加抗日战争，先后任国民党炮兵第六旅政治部上校主任、第十二军政治部上校秘书、第三集团军总司令部上校秘书、桐宣中学副校长。

1942 年吴惠民离开部队，担任郑州国际救济会的委员，兼任“难童学校”和圣德中学的校长。在此期间，他下决心要把学校办好。但是，好景不长，1944 年 4 月中旬，日军第二次入侵郑州。在敌机盘旋、大炮轰炸的情况下，作为校长的吴惠民接受郑州国际救济会的委托，带领全体师生从郑州转移。1944 年 4 月 18 日，全校 800 余名师生，在吴校长的带领下，从郑州二马路校址出发，开始了长达两年之久的抗日流亡征途。1946 年 2 月 17 日返回郑州。1948 年，郑州解放之际，吴校长坚持留在郑州迎接解放。经历历史的变迁，曾经的圣德中学发展成了今天的郑州市第五中学。郑州五中将其男生宿舍楼命名为惠民楼，以此纪念吴校长。

吴校长 1976 年开始在郑州教会服侍。1980 年任郑州市第六届政协委员，1984 年至 1994 年任郑州基督教三自爱国运动委员会副主席、基督教协会副会长和郑州人民路教会牧师。1995 年 1 月 26 日，吴牧师安息主怀，享年 83 岁。

## 一、加入郑州国际救济会

1937 年 7 月 7 日，日军在北平附近挑起卢沟桥事变，抗日战争全面爆发。1937 年 10 月，战火已经燃至河南境内。抗战时期，河南一方面饱受战争的惨重破坏；另一方面，水灾、旱灾、蝗灾等自然灾害不断，河南人民生活在水深火热之中，大量无家可归的难民只能流亡异乡。截止到 1944 年 5 月 26 日，全省饿死 300 万人，流亡他省 300 万人，溺于死亡边缘等待救济者 1500 万人。[①] 15 岁以下的儿童约占难民总数的 33.7% [②]，儿童作为社会弱势群

---

① 张根福:《抗战时期的人口迁移——兼论对西部开发的影响》，北京：光明日报出版社，2006 年，第 133 页。

② 孙艳魁：《苦难的人流——抗日战争时期的难民》，南宁：广西师范大学出版社，1994 年，第 65 页。

体，成为当时最大的苦难承载者。大量难童的出现，不仅给那些未成年的孩子带来无尽的痛苦和灾难，也造成了严重的社会问题。

抗战爆发后，地处前线的郑州，难民激增，虽然当地政府也设立了难民收容所，教会等各种民间组织也在尽力救助难民，但是依然难以扩大救济范围。1938 年 6 月为了阻滞日军入侵武汉的进程，国民党政府悍然将黄河花园口大堤炸开，这导致成千上万的人流离失所，大片良田被淹没。

在这种情况下，为了紧急救济难民，1939 年郑州基督教各教会联合成立了“郑州国际救济会”。该会在郑州乃至河南都具有一定的影响。救济会的主要任务是向国外募集款项，救济灾民。郑州救济会在得到捐款后，陆续开办了三个难民收容所，分别在城隍庙、彭公祠、二马路。每个收容所有千人左右，每天发放两餐，并发放一些棉衣、棉被。到 1943 年春，他们已经办起“四个粥厂，容 4000 人，一个难童学校，男女生共 800 人，另外有两个收容所，有 1080 人。统计起来，共计 5880 人”①。

1942 年吴惠民牧师担任郑州国际救济会的委员，兼难童学校和圣德中学的校长。在此期间，他多次婉谢其他高官厚禄的聘请，一心操持救济会和学校的事务。

---

① 文芳主编：《天祸》，北京：中国文史出版社，2004 年，第 222 页。

## 二、难童学校及圣德中学流亡记

郑州国际救济会成立之初，并无专门收容儿童与青年的计划。几个难民收容所中也有些儿童。“有的是从黄河东逃来的，有的是从黄河北逃来的，也有的是郑、广、荥一带的穷家孩，也有的是郑州市上的乞儿。”[①] 抗战初期政府创办了几个儿童收容所，后来因局势的变化，这些收容所相继解散或南迁，导致许多难童滞留郑州。在郑州救济会得到救灾款项之后，这些难童被集中到二马路收容所。后来郑州国际救济会考虑到这些儿童中有些曾受过教育，应该继续给他们提供一些教育或技术培训，以便日后他们可以继续升学或就业。于是就将几个难民收容所的儿童集中到二马路收容所，对他们进行一些教育，因为条件艰苦，算不上什么正规教育，这是难童学校的初期。1942 年吴惠民离开部队，加入郑州国际救济会，任难童学校的校长。经过吴校长的据理力争，除了原来的小学部，并设立了中学部，命名为圣德中学，[②] 以及一个生产部，“由两班职业学生按日轮流工作，该部分设帆布、织袜、毛巾、毯子、缝纫、印刷等科”[③]。这个难童学校，“里面收容的男女学生，共 700 多人，算上教职员工，共 870 人”[④]。这些孩子，他们都没有了家，而且三分之二没有了父母。

---

① 文芳主编：《天祸》，第 223 页。

② 金铎：“二马路生活片段”，《风雨桃李情》，1997 年 4 月 18 日，第 54 页。

③ 文芳：《天祸》，第 230 页。

④ 赵燕：“抗日战争时期河南的难民问题与难民救济”，华东师范大学硕士论文，2007 年，第 46 页。

1944年3月，因日军入侵，吴校长召开了难童学校和圣德中学的全体教师会议，制定了迁校计划。原计划迁址登封会善寺。但是形势突然恶化，日军已经渡过黄河，因此学校不得不当机立断，组织全校师生于1944年4月18日从二马路校址出发，开始了徒步流亡。经密县、登封、伊川等地，到达嵩县，学生中有年仅六七岁的幼童，大的不过20岁，其中大部分是女生。这一路逃亡，历尽艰险。

从河南前往陕西，需要翻越秦岭，沿途尽属悬崖绝壁，险峻异常。逃亡队伍中有很多年龄较小的儿童，多日奔波，身体、精神都甚为疲乏。一路上不仅有敌人地面追逐，还有敌机的轰炸扫射，有连续几天的日夜兼行和忍饥挨饿，也遭遇各种灾害。在出发一礼拜后，师生们到达了伊川县的白沙镇，正当大家酣睡时，一群手持刀枪的土匪夺门而入，抢走了几百人全部的路费。5月6日，当大家前行到嵩山县的阎沟，半夜时分，学生们临时借宿的房子却突遭大火，趁师生们逃离房屋的混乱场面，土匪们借机进行抢劫。很多同学被土匪抢去了衣物，也有同学被土匪打伤，行路都出现了困难。[①] 两个月的千里跋涉，再加上生活水平低、营养不良、缺医少药、卫生条件差，一路上有不少同学生病，比如，一位同学因飞机轰炸吓得精神失常，有同学发烧，有同学感

① 吴忆慈："逃亡途中遭三灾——匪灾、火灾、水灾"，《风雨桃李情》，1997年4月18日，第154-156页。

染瘟疫等。[①]

经过了两个月的艰难逃亡，1944 年 6 月 19 日，难童学校与圣德中学的几百名师生住进了陕西宝鸡的王堡村。虽然暂时逃离了战火，学生们也得以在大后方重新开课，但是在王堡村的生活依然充满艰难。王堡村夜间常有野兽出没，有同学被野狼咬伤。由于长途跋涉，到达王堡村之后，很多同学病倒，甚至有人夭折。

1945 年 8 月抗战胜利。1946 年 2 月 4 日全校师生告别王堡村，2 月 5 日自宝鸡乘火车返回郑州，2 月 17 日夜到达郑州碧沙岗。3 月 25 日，学校复课。历时两年之久的抗日逃亡，终告结束。

在吴校长的带领下，难童学校以及圣德中学的 800 余名师生集体徒步西迁，历尽千辛万苦，终使几百名师生免遭日寇的蹂躏，并且在如此艰难的处境下，坚持为学生创造条件，努力办学，谱写了一支悲壮的抗日救亡之歌。

这一路流亡虽异常艰难，但是能在王堡村得以继续开课，最终得以返回郑州，重新开课，吴校长功不可没。吴校长有良好的教育背景，加上在部队积累的经验、广泛的社会关系，以及基督信仰的支撑，使这一次西迁成为可能。吴校长良好的教育背景，使他在教育上有自己独特的方法，一方面他严谨认真，在办学上一丝不苟；另一方面，他也处处用温情感化学生，温暖这些远离家乡的青少年。另外，吴校长从军多年，有丰富的军事知识和作战经验，熟悉河南一带的地形。一路上，他不断向行人或部队

① 常凤英：“赞王冬碧主任——记流亡途中的病号”，《风雨桃李情》，1997 年 4 月 18 日，第 207-209 页。

打探消息，并且使用望远镜，判断形势，制定前行路线。逃亡途中，吴校长也运用自己的各种社会关系，帮助学校。比如当师生在伊川县遭遇土匪抢劫时，吴校长的故交王光临正在此地，听闻此事，便调拨一部分款项给学生，以便逃亡路上使用，还指派一部分护兵，送学生一程。① 到达王堡村之后，由于经费紧张，吴校长前往重庆筹款，寻求冯玉祥的帮助。一路上，吴校长也联系各地教会、圣经学校等，在逃亡路上，学生们经常会在教堂住宿，短暂修整。1944 年 6 月到达陕西时，暂住在西北圣经学校。因为教会的帮助，他们在逃亡路上得以喘息。如此艰难的处境下，基督信仰成为他们西迁路上的重要支撑。吴校长曾提及："没有上帝的大能，我是无能为力带领师生们安全到达后方的。"② 正如吴校长 1994 年 4 月 18 日在"两校"抗日流亡五十周年纪念大会上的讲话中总结的："在祖国危难之际，我能有勇气，不畏艰难，不怕牺牲，愿与大家同奔抗日的流亡征途，正是由于我完全依靠所信的真神，他处处引导，处处看顾，处处保佑，才使我们在流亡途中，屡度险关，屡脱险境，故此，所有颂赞、荣耀都应归于至高的真神主耶稣基督。"③

① 吴忆慈："逃亡途中遭三灾——匪灾、火灾、水灾"，《风雨桃李情》，1997 年 4 月 18 日，第 155 页。

② 魏顺华："上帝的大能"，《风雨桃李情》，1997 年 4 月 18 日，第 271 页。

③ 傅兴山："信靠神，荣耀神——深切怀念境外的吴惠民校长"，《风雨桃李情》，1997 年 4 月 18 日，第 355 页。

## 三、吴惠民校长的办学理念

吴惠民校长接受了良好的高等教育，在学识上有相当的造诣，又有广泛的社会影响力，同时也是一名热心的基督徒，因此受到当时郑州四大教会的拥戴和社会名流的赞许。[①]吴校长在办学上严谨认真，富有创意，视野开阔。

**1. 确保教学质量**

吴惠民校长主持的难童学校以及圣德中学，虽然条件艰苦，但是教学管理严格，教学秩序良好，有较高水平的师资，确保教学质量，得到外界的好评。数学教师王永康，北京大学数学系学士毕业，20世纪五六十年代是郑州市仅有的三个一级教师之一。[②]国文老师连克朋，国学底子深厚，多才多艺，还是一位书法家。[③]美术老师云森峰，老河口路德师范毕业，后来曾参与设计郑州二七纪念堂堂徽。[④]数学教师张景轼毕业于北京大学数学系。[⑤]国文老师张品清，出生于书香之家，毕业于北京大学，他有渊博

---

① 王惠广：“应聘圣德——兼谈教务与训育”，《风雨桃李情》，1997年4月18日，第9页。

② 赵兰英：“著名数学教师王永康”，《风雨桃李情》，1997年4月18日，第357页。

③ 姚秀山：“怀念恩师连克朋”，《风雨桃李情》，1997年4月18日，第360页.

④ 李明晨：“忆云森峰老师——兼谈圣德中学的壁报”，374第364-365页。

⑤ 苏福庆：“感谢张景轼老师”，《风雨桃李情》，1997年4月18日，第370页。

的文史知识和扎实的理科基础，且擅长文体。[①]

### 2. 重视品德的栽培

由于难童学校和圣德中学的教会背景，学生们也受到了影响，特别是在道德情操方面。同学之间能够彼此相爱，相互扶持。在逃亡的路上，信仰也带给他们巨大的力量，战胜客观环境的艰难。

吴校长本着教会办学的宗旨，为国家和社会培养了一批有知识、德才兼备的栋梁之才。在教育学生时，吴校长常常把德育放在首位。[②]吴校长也常常向同学阐述树立高尚品德的重要意义，教导学生要柔和谦卑、彼此相爱、舍己为人。

### 3. 丰富的课外生活

在难童学校和圣德中学，各个班级都有五颜六色的壁报，壁报分周刊、月刊，每逢圣诞节和新年还要出专刊。学校成立了圣德歌咏团，圣德中学的学生都有较好的音乐素养，他们演唱赞美诗，如《哈利路亚》《平安夜》等，也演唱抗战歌曲，如《黄河大合唱》《义勇军进行曲》等。学校也为学生筹备演讲比赛、辩论会、灯谜晚会等。借着丰富的课外生活，为学生创造平台，使他们的能力与才华得到展示，也使学生得到全方面的发展。丰富的学校生活与炮火连天、忍饥挨饿的抗战岁月，形成了鲜明的

---

① 宋耀常：“怀念敬爱的张品清老师”，《风雨桃李情》，1997年4月18日，第374页。

② 王秀梅：“遥远、温馨、圣洁的回忆”，《风雨桃李情》，1997年4月18日，第456页。

对比，由此足见吴校长在办学上的良苦用心。

**4. 培养学生的爱国热情**

吴校长不断教导学生努力学习，掌握本领，救国救民，不做亡国奴。吴校长在为报名参加青年军的学生举行的送行大会上发言说：“你们四人响应政府号召，积极报名参加青年军，是一种爱国的表现，也是我们圣德中学的荣耀。”[①] 学校的歌咏团也通过演出话剧揭露了日本帝国主义的猖狂侵略。1949 年 10 月 1 日，中华人民共和国成立，学校开始升五星红旗，唱国歌。吴校长经常讲:“国旗是象征国家的旗帜,国歌是代表一个国家的歌曲,每个国民都应该尊重自己国家的国旗,都应会唱自己国家的国歌,参加升旗仪式和高唱国歌，是每个国民的权利和自由，它是热爱自己国家的一种具体表现，也是受教育的一种形式。”[②] 吴校长本人的爱国思想和爱国行动，给学生带来深刻的影响，增强了学生的爱国热情，使学生能够自觉地为拯救国家而发奋读书，立志使自己成为对国家有用的人。

## 四、难童学校及圣德中学办学成果

吴校长极其具有政治远见。1948 年下半年，许多教会机构、私立学校着手准备南迁。吴校长告诉同学们：“不要惊惶害怕，解放军是有纪律的队伍，对学校绝对没有影响，我们学校不南迁，

---

① 王泰礼:“从军行”,《风雨桃李情》,1997 年 4 月 18 日,第 274 页。

② 史玉贤:“升国旗”,《风雨桃李情》,1997 年 4 月 18 日,第 460 页。

也不解散。”[1] 1949 年 10 月 22 日，郑州和平解放，圣德中学成为当时郑州唯一坚持上课的学校。

吴校长领导教师们培养出的学生遍布海内外。难童学校及圣德中学的学生虽经历了战火的侵扰，真实面对过国破家亡的场面，但因有吴惠民校长等师长的关怀，他们的身心健康均得到很大恢复。难童学校和圣德中学为保存儿童生命、保障其健康成长起到了积极作用。在吴校长的帮助下，这些难童的受教育程度有了普遍提高，还有部分难童进入高一级学校深造或成为抗日的主力军。他们中间有教授、工程师、医生、党政军干部、企事业单位的领导、中小学优秀教师以及优秀技术人员等。两校学生也普遍具有高尚的道德情操和艰苦卓越、任劳任怨的奉献精神，同学之间的情谊深厚，犹如兄弟姐妹。[2] 吴校长在民族危亡的艰难时期，为挽救中原数百名苦难儿童和青年作出了重要贡献，并且为抗战前线以及战后社会输送了一定的人才。

## 总结

有什么样的校长，就有什么样的学校。吴惠民牧师在学生们的心目中，是一个学识渊博、经历丰富、才能卓越、信仰坚定的校长。他知人善任，聘请优秀的教师，社交广泛，在社会各界

---

① 王惠广：“应聘圣德——兼谈教务与训育”，《风雨桃李情》，1997 年 4 月 18 日，第 467 页。

② 吴忆慈：“家属代表吴忆慈在追思会上的悼词”，《风雨桃李情》，1997 年 4 月 18 日，第 614 页。

吴惠民校长54岁

有挚友，有极高的威信和感召力。吴校长出于基督徒的一片爱心，毅然决然地放弃了他原来优越的工作和舒适的生活，接受了郑州国际救济会的聘请，接管难童学校，在抗日的艰难岁月中，带领800余名师生，逃亡陕西。无论条件如何艰难，吴校长都在发挥自己校长的职责，坚持办学。吴惠民牧师，一位上帝所祝福和使用的教育家，使一群在战争中失去家庭的流亡学生，在艰苦的条件下，能够按部就班地学习，得到关怀，健康地成长，为战后的社会建设输送了一定的后备力量。

（作者系河南省基督教两会同工、河南神学院教师）

圣德中学第二届初中毕业生合影（1945 年 8 月 1 日陕西凤翔王堡村张家大院门口）

# 深明大义、爱国爱教的典范张保山

高俊杰

## 序言

张保山，男，1929年出生于河南省濮阳县城东关一个贫苦的基督徒家庭。他少年时代就展现出非同寻常的爱国情操，抗战时期，小小年纪的他不仅冒险护送过地下党员，还利用三年时间拜师学医救治八路军伤员。解放战争时期，他曾参与接待和服务华东野战军团以上干部会议，利用教会的优势和力量有力地支持了党和国家的解放事业。新中国成立后更是积极筹建医院救死扶伤，激励信徒爱国爱教。张保山一生都将民族大义视为己任，努力播撒基督大爱，成为当地群众眼中爱国爱教的典范。

## 一、爱国少年一身是胆，冒险护送地下党员

张保山的父母平时靠东关基督教福音堂的接济维持生活（父亲在教会服侍，母亲在教会福音医院里缝缝洗洗打扫卫生），东关基督教福音堂就是他们平时的家。家庭的传承和教会的熏陶奠定了他基督信仰的根基。由于东关基督教福音堂是美国传教士博

清洁牧师夫妇来中国传教时建立的（1917 年），教会同时开办有福音医院和华美中学（现为濮阳县实验中学）。到了适学的年龄，张保山就在北边教堂区生活，在南院华美中学读书。父母的言传身教和教会及学校老师的谆谆教诲，使他成为了一个既有坚定的基督信仰又富有正义感、责任感的优秀爱国少年。在抗日战争时期，他 13 岁（1942 年）便被推选为濮阳县城内城外儿童团总团长，经常带领儿童团员做一些抗日救亡的宣传和保家卫国的辅助工作。

1943 年春，他受华美中学老师平杰三（新中国成立后任中央统战部副部长）、刘晏春（时任冀鲁豫特委组织部长，后任河南省省委副书记）等老师的差遣，伪装打扮步行 200 多里地，利用自己年龄小的特点，突破日军的封锁线，到山东聊城把田纪云（后任国务院副总理，第八届、第九届全国人大副委员长）等几位冀鲁豫地区干部接到华美中学（田纪云 1943 年 6 月被保送到华美中学学习）。他们名义上是学生，实际上是做党的地下联络工作，与刘晏春、平杰三等共产党干部共同领导冀鲁豫抗日根据地的地下工作。

## 二、拜师学医保家卫国，配合教堂扶危济困

当时东关福音堂福音医院设有床位几十张，各样医疗设施齐全，特别是外科方面很出色。博清洁牧师看到了抗日战争的需要，因缺医少药，很多伤病员得不到及时的医治和护理而病情恶化甚至死亡。他就利用教会的大公性，特别邀请了冯兰馨（山东

人）及潘力明、潘力克（美国兄弟）三位医学博士来东关基督教堂福音医院，壮大了医师队伍，提升了医疗水平，使八路军伤员得到了很好的救治。博清洁牧师还多次以教会名义向国际红十字会北美分会申请救治八路军伤员急需的药物和医疗器械。教会对所有的八路军伤员全部实行免费治疗，连生活费也由教会全包。张保山看到医生缺乏，就主动拜冯兰馨博士为师，用三年时间修完医学课程，达到了医师水平。信仰的托付和强烈的爱国情怀汇成了巨大的精神力量，使他一边学习文化课和医学知识，一边参与到福音医院的医疗救治中。在冯兰馨博士被邀请到晋察冀抗日根据地为新四军进行医务人员培训期间，他和王本胜（本地基督徒医生）仍在福音医院救治八路军伤员，有力地支持了前方的抗战工作。太平洋战争爆发，美国对日宣战后，博清洁、潘力明、潘力克等牧师被日本人扣押辗转回国后，东关基督教福音堂由中国信徒刘清选、刘中孚负责管理，福音医院由教会和共产党共同办理，更名为“哈里生医院”，继续为党的军队做医疗救治的工作。

1943 年日本人打到了濮阳县城，到处烧杀掠抢，很多难民到东关福音堂避难。张保山一家是当地人，就配合博清洁牧师本着神的爱与公义，扶危济困，接纳百姓，甚至北院教会的空地上都挤满了人。东关基督教福音堂是教会所在地（保护教会和医院是国际公约的内容，也是人道主义的体现），又是美国人所建的。他们利用这些优势，保护了当时避难的百姓，日本人站在教会的铁丝网外毫无办法。

## 三、积极拥护党的领导，热情服务华东野战军

张保山与当时的华美中学校长刘中孚一直主张国共两党要和平不要内战，但看到以蒋介石为首的国民党要发动内战，而共产党却是维护最广大人民群众的利益，要领导劳苦大众翻身得解放，建立和平统一的新中国，他们就带领教会坚决地站在共产党一边。以刘清选、谢世森牧师、刘光远、王本胜、张保山、张保太（张保山哥哥）等为执事会的东关福音堂和教会福音医院继续接待解放军及其伤病员。1948 年 5 月 14 日，朱德总司令和陈毅、粟裕在东关基督教福音堂召开了华东野战军团以上干部会议，教会予以很好的接待和服侍。后来华东野战军又在此多次召开连、排、班、士兵代表会议，教会以自身的优势和力量有力地支持了党和国家的解放事业。

1947 年，张保山与同在福音医院的邢宗周（濮阳县五星集的信徒，外科大夫）去开封接受国际红十字会捐助给东关基督教福音堂福音医院的药物（黄碘、盘米西林等）和医疗器械（显微镜等）时，被国民党军队抓住了，他们对二人严刑拷打，讯问药品是否是送给共产党的，二人坚决不承认。见他们骨气这么硬，国民党军官无计可施，决定把他们二人活埋。在这紧要关头，一个国民党军队的团长来了，这位团长认出他们是在濮阳县东关教堂福音医院救治过他的恩人，就吩咐释放了他们二人。这样，他们才得以把国际红十字会捐助给教会的药物和医疗器械带回来，用以救治解放军伤病员，为祖国的解放事业作出教会的贡献。

## 四、筹建医院救死扶伤，激励信徒爱国爱教

新中国成立后，张保山开办了自己的诊所，治病救人，解除患者痛苦。由于他医术高明、医德高尚，受到大家一致好评。他受濮阳县政府的委托，联合许多名医成立濮阳县联合诊所。他是濮阳县第二人民医院的发起者和奠基人。他淡泊名利，视病人如亲人，救死扶伤，播撒大爱，彰显医者仁心，造福一方百姓。后来多次受到党和政府的表彰，也深得广大群众的爱戴。

十一届三中全会后，党和政府积极落实宗教信仰自由政策，基督教领袖也积极响应党的号召，拥护党的宗教政策。作为宗教界爱国代表人士，加上在濮阳县第二人民医院创建中的突出贡献，1985 年张保山当选为濮阳县政协常委。作为东关基督教福音堂的负责人之一，张保山主动联合本县兄弟教会的领袖坚持联合礼拜，于 1987 年成立濮阳县基督教三自爱国运动委员会，当选为副主席。同年，在濮阳市第一届四次会议上被增补为市政协委员。1990 年，张保山又当选为濮阳县三自爱国运动委员会主席，带领全县基督教会旗帜鲜明地走爱国爱教、荣神益人的道路。在 1995 年成立濮阳市基督教三自爱国运动委员会时，张保山又当选为主席，同年被推选为河南省基督教“两会”常委。职位高了，担子重了，但他时常心存感恩，发自内心地教导同工和弟兄姐妹要爱国爱教，拥护党的领导，拥护社会主义制度，坚持独立自主自办教会的原则。他说：“我小时候经历了日本帝国主义对我国的侵略，那时我们家都没了，哪能像今天过着这么幸福的生活，

还能安安生生地聚会？所以作为新中国的基督徒，一定要热爱我们的祖国啊！”

时至今日，张保山老人爱国爱教的典范，仍激励广大基督徒，热爱祖国，热爱人民，为构建社会主义和谐社会、实现两个“一百年”的奋斗目标而贡献自己的力量！

附：2000 年 8 月 11 日，濮阳县东关基督教福音堂，包括华美中学和圣经学校旧址因曾经是“华东野战军团以上干部军事会议旧址”，被确立为“濮阳市文物保护单位”，立石碑于教堂右侧。2000 年 9 月 25 日，濮阳县东关基督教福音堂包括华美中学和圣经学校旧址被确立为“河南省文物保护单位”，立石碑于教堂左侧。这里每年都接待很多来自全国各地的参观者，成为他们接受爱国主义教育的示范基地，激励着一代又一代青年不忘历史、铭记初心，纪念英雄、报效祖国；也激励历世历代基督徒爱神爱人、爱国爱教，作光作盐、服务社会。

以上材料由张保山老人的后代及濮阳县三自爱国运动委员会秘书长王恩民口述，濮阳市基督教两会秘书长高俊杰牧师编写。

（作者系濮阳市基督教两会秘书长）

# 艰辛是荣誉的载体

## ——记洛阳市涧西区程秀珍牧师的美好见证

高学鸿

程秀珍牧师，出生于1943年，农工党党员，1983年归信基督教。她在自己的岗位上为医疗卫生事业奉献42年。42年的不懈努力，使她收获了不少荣誉。2003年退休之后，她又承担起服侍、管理教会的重任。虽经历过“文革”等艰辛岁月，但她却说：“人生是一幅五彩缤纷的画卷，有亮丽的色彩，令人悦目，有暗淡的色彩，处之默然，然而搭配起来，就是一幅五彩缤纷的画卷。”

### 一、积极响应号召，全心奉献自己

程秀珍在学习和工作上向来积极认真、努力钻研。她于1959年起就读于河南大学药学系（原开封高等医药专科学校），当时全班77人，她不仅学习成绩总是名列前茅，而且是班里的百米短跑冠军。1961年毕业后她被分配到洛阳河南科技大学（原洛阳医专）附属医院药剂科工作。不久掀起了学习雷锋、焦裕禄高潮，她曾获得过“学习雷锋先进”“学习焦裕禄积极分子”。

1964年抗美援越战争时，洛阳组织一支25人的援越战地救护医疗队，她也是其中一员。她回忆这段往事时说：“我不怕出力，党和组织指向哪里，我就奔向哪里，既不推诿，也不犹豫。”

20世纪60年代，中央号召把医疗卫生工作的重点放到农村去。程秀珍首当其冲，主动报名到农村去，支援农村医疗卫生工作。被批准后，她感到无比光荣。于是，迅速交接完手边的工作，于七月一日到达栾川白狮与队伍汇合,开始半年的山区医疗巡回。他们每天跋山涉水，与山区人民同吃同住同劳动。程秀珍特别提及，有一次他们要爬摸天岑，海拔1000多米，仅有几户人家住在上面。他们上山爬着上，下山坐着滑，不久把裤子磨烂了，没法补就用胶布从里面贴上。虽然生活艰苦，她却乐观作诗：“摸天岑上手摸天，汗水流尽心也甘，农村巡回心常乐，山家好客糁饭甜。”她也提及，一日早饭后医疗队照样背着药箱出去巡回。出发时太阳笑脸相伴，走到半山腰时，忽然浓云密布，狂风怒吼，顿时倾盆大雨浇灌而下，队伍转身而归。来时踩着搭石就能过的小河，此时水已没过膝盖，河床也加宽，过河的难度大大增加。程秀珍刚一上岸，更大的洪流夹杂着石头、木桩奔腾而来。令人痛心的是，就是在此次暴雨中，洛阳市第一人民医院的一位医务人员牺牲了。艰苦奋斗、不谋私利、无怨无悔、全身心奉献在他们这一代人身上打下了深刻的印记。

## 二、历经沧桑风雨，阳光彩虹亮丽

改革开放大潮磅礴兴起，知识就是生产力，创新才能赢得知识经济。十年浩劫，缺药少医，作为药学工作者，程秀珍下决心努力充电，加强学习，加紧科研，把失去的时间找回来。经过不懈努力，她先后共研制开发新制剂 20 多种。因此她被全院评为“科技创新女标兵”，获得多项国家、省级科研成果奖。由于突出的成绩，她于 2009 年获全国劳动者协会颁发的“五一”时代英模奖励。

庆贺丰收是欢乐的，然而创造丰收需要流出的是汗水和泪水。在研制新药的过程中，资金不足，程秀珍把自己的奖金投进去；仪器缺乏，就用自身作实验；时间不够，就利用周末加班加点。面对自己取得的成就，她却说：“没有农夫的流泪撒种，就不能有丰收时的喜悦；没有渔夫的深海撒网，就不能获得鱼儿更多；没有神时刻与我同在安慰，我将是一无所获。”

## 三、愿作“驴驹”任神用，甘当坐骑默无声

因程秀珍在工作中的优秀表现，到她 2003 年退休时，院长、党委书记、人事科长都希望返聘她。但经过反复思考后，她决定告别自己 42 年的医生职业生涯，开始在教会全职侍奉。从此，她几乎每天都会准时出现在教会中。

2002 年，程秀珍开始担任涧西区基督教两会主席、会长。面对教会中存在的各种问题，她找准症结，精准施策。她带领涧

西区的教会逐步成立20多个功能组，建立健全各项规章制度。经过不断探索和努力，最终涧西区的教会呈现出了人人有事干、事事有人管，管而不死、管而不乱，“凡事都要规规矩矩地按着次序行”的规范和谐局面。

程秀珍作为科研工作者的认真、钻研的精神在教会的工作中也体现得淋漓尽致。她有思路，有方法，能够捕捉到问题，快速找出症结，并且制定有效的应对策略。她一方面严管教会资金，统筹安排，逐步改善涧西区下属17个堂点的硬件条件。另一方面，她非常注重对教牧人员、管委会成员、执事、诗班等的培训。

在教会的工作中，她很早就意识到学习法律法规的重要性。她常常提醒自己的同工说：“法律是准绳。”2005年《宗教事务条例》颁布实施后，她组织涧西区教会的同工认真学习，并运用《宗教事务条例》中的相关条款帮助教会解决实际问题。比如，根据《宗教事务条例》的要求，宗教活动场所购买房屋作为活动场所可免交契税，因此在购买青滇路教堂的活动场所时就免交契税5万多元。

## 四、爱国为国分忧，爱教荣神益人

作为教会的领袖与牧者，程秀珍不断教导身边的同工、弟兄姐妹，要积极参与国家的建设，服务身边的邻舍。

多年来，在赈灾济困、服务社会方面，涧西区教会一直走在前列。十多年来，涧西区的教会每年对周边贫困县区捐衣物、被褥及钱款，如对栾川、嵩县、伊川、宜阳、汝阳、洛宁等地。

每年洛阳牡丹花会期间，涧西区两会都会组织献茶活动。在游客众多的要道口，设立茶水处，义务献茶。程秀珍牧师特别提到，洛阳牡丹花会举办36届，涧西区基督教两会义务献茶35年。曾经，有一游客留言道：“古都花香引人向往，到此一游心花怒放，旅游城市处处春，洛阳人心赛花香。”程秀珍牧师觉得，这样的事工虽小，但是却为旅游城市增添了光彩，为神赢得了荣耀。涧西区教会多年来也一直坚持助学育人，为小学生捐助书包、校服以及学习用具，资助贫困大学生，帮助他们顺利完成学业。近年来，在脱贫攻坚战中，也一直有涧西区教会活跃的身影。2019 年 11 月涧西区教会为涧西区政协帮扶的嵩县车村镇捐献棉衣、毛衣、棉被等，共 130 包，近 6000 件，并写上“关爱送到亲人手，沟壑自有爱索连”等温暖人心的话语。衣物装满了两大汽车，受到镇政府及村民的极大欢迎。

当看到老龄化问题突出时，程秀珍牧师又投身养老事业。涧西区基督教两会于 2008 年按配套工程建成一座养老院，目前拥有 60 张床位。养老院的院训是：“养老护老是我们的责任，敬老爱老是我们的本分，关爱老人是社会公德，为老人尽孝，替儿女解难，为社会分忧，是我们的职任。”按照院训要求，每个护理人员要进入儿女角色，经培训持证上岗，按身、心、社、灵分层次对老人细心看护，使老人有家的感觉。老人住得欢心，吃得舒心，儿女安心，政府放心。因程牧师多年来一直热心公益事业，洛阳市政协授予她“2019 年度热心公益事业突出贡献”奖牌。

在抗击新冠疫情期间，涧西区基督教共捐款 15 余万元。为一线医护人员捐大容量充电宝 150 个，从购买到送达医护人员手中仅用五天时间，是从北京连夜发货到郑州，郑州晚上两点钟直发到洛阳。程秀珍牧师带领教会的弟兄姐妹在每块充电宝上贴上“心”形图案，并写上：“为抗疫情连轴转，数天不与亲人见，唯靠手机作联络，不停充电是麻烦，有了得力充电宝，减少麻烦省时间，集中打赢歼灭战，笑迎春光花满园。”作为农工党党员，程秀珍牧师投入抗击疫情的各项工作中，因此获农工党洛阳市委颁发“抗疫最美身影”奖牌。

作为药学工作者，她刻苦钻研，不断创新；作为牧师，她尽心竭力，甘心服侍；作为教会领袖，她爱国爱教，服务社会。程秀珍牧师每看到教会、社会的需要，便挺身而出，尽上本分，确实是我们众人学习的榜样。

（作者系洛阳市基督教两会主席、会长）

# 疫无情，医有情

## ——记抗疫英雄叶灵峰

王建超

侠之大者，为国为民；医之大者，舍己救人。以前总认为这些英雄侠士离自己太远太远，似乎他们只存在于传说故事之中，缥缈在凡俗尘世之外，但一场突如其来的新冠肺炎疫情改变了我的想法。

2020年新冠病毒肺炎肆虐全球，在危机的情况下，有一群白衣侠士逆流而上，奋勇卫民。这时人们才发现，原来我们并不缺少英雄侠士，他们就在我们身边；原来真的没有什么岁月静好，只是有人为我们负重前行。而今天，我想提笔述说的，正是这么一位抗疫英雄——一位舍己救人的白衣侠士，一位舍小家为大家的逆流勇士，一位奋战在抗疫最前线的重症科医生，他就是叶灵峰。

叶灵峰，“80后”的医学博士，重症科医生。他出生在河南一个基督教家庭，自小就品学兼优，心怀济世之志，后来也如愿以偿攻读医学，悬壶济世。毕业后他一直在湖北某医院重症医学科工作。2020年当新冠病毒肺炎开始在武汉蔓延时，正在家中休假的他为了尽快回到工作岗位，主动放弃假期，在交通已经停运的情况下，由家人开车送到武汉，投入紧张的抗击新冠肺炎的工作中。

## 一、主动出征，抗疫延婚期

2020 年 1 月 20 日左右，叶灵峰所在的医院就已经开始收治新冠肺炎患者，而此时的叶灵峰正在河南老家紧锣密鼓筹备婚礼。在了解了这种疾病的危害后，出于医生的使命感，他义无反顾地推迟婚期，返回武汉，投入到一线抢救工作。对于他这样的决定，家人都表示支持，甚至他的未婚妻也没有丝毫怨言，并用实际行动给予大力支持。于是，在当时已经封城、交通停运的情况下，叶灵峰由他的哥哥开车，未婚妻相陪，驱车千里，返回武汉抗疫前线，投入紧张的救治工作中。

谈及此次返回武汉抗击新冠肺炎，他说："救人如救火，当时真的只有一个想法，就是赶紧回到武汉，赶紧回到前线。我并没有为自己鼓多大劲，也不是说因为自己是基督徒，所以不害怕会感染这个病。我只是知道这是我该做的事，这是我的工作，是我的使命，我应当义无反顾回到工作岗位。虽然不知道前路如何，自己也随时可能会被感染，但自己确实是问心无愧了。现在再回想当时的场景，唯一觉得的是对不起自己的未婚妻，不仅推迟了婚期，还让她担心了好久。但无论怎样，抗击疫情、救死扶伤是我的职责，我不能逃避，也没办法逃避。我只能勇往直前，尽职尽责。"

叶灵峰看似轻描淡写的述说，但其身上所散发的舍己救人、舍小家为大家的精神却令人感动。他说得好像很简单，但背后所承担的责任与压力又何其沉重。

## 二、屹立前线，冒死救病患

在此次抗疫工作中，叶灵峰所处的科室是重症医学科，主要救治急危重症患者，简单来说就是救治最严重、最危险、最棘手的病人，这也是此次抗击疫情的最前线。在当时防护物资还很缺乏的时候，他们身处临床第一线，需要密切接触病人，所以感染病毒的机率也是最大的。特别是在为一些危重患者进行呼吸机治疗、气管插管时，暴露在大量含有病毒的飞沫和气溶胶中，更是非常危险，可以说是在拿命换命。叶灵峰就因此曾被隔离 9 天。

据叶灵峰回忆，当时他还在抗疫前线，有一天他在体检化验时，被查出身上出现阳性抗体，疑似曾经被感染过，因此被紧急隔离了起来。被隔离后，他说他的内心还是很平静的，在隔离期间，他等候着第二次的化验，化验结果出来了，他并没有被感染。得知化验结果后，他立即申请取消隔离，再次走上抗疫前线。

白杨屹立戈壁不倒，故而风沙止步，山清水秀；军人屹立战场不倒，故而四境太平，国泰民安；医生屹立抗疫前线不倒，故而人民安居乐业，健康生活。正是由于有这么一群舍生忘死、敢赴国难的真勇士，我们中华民族才能绵延至今，传承不断！

## 三、大医精神，全心为病人

从1月份返回武汉后，叶灵峰在武汉抗疫前线连续奋战了三个多月，这三个月可以说他是几经生死，也看见了太多的生死。当问及这三个月的一些难忘经历时，他沉默了一下，然后缓缓说了这样一件事：

“新冠肺炎是一个新的疾病，当时我们也没有太大的把握，更没有特效药，因此经常会看到重症病人因为治疗效果不好而承受非常大的焦虑和痛苦。有的病人来的时候病情就已经很重，抢救失败很快就去世了；有的病人经过多日反复的治疗，依然改变不了死亡的结局；有的病人虽然康复，但在治疗过程中焦虑不安，甚至恐惧和抑郁。这对我们来说真的是一种煎熬，于是我们只能尽自己最大努力进行治疗，减轻他们的痛苦，多给他们一些安慰和鼓励。但也有比较乐观积极的，在众多的病人中，我印象比较深的是一个女性病人。她是一位中年人，进入我们科室的时候呼吸已经非常困难，但是她很配合治疗，病情逐渐得到控制，但时有反复。有一天晚上，我看到她的情况较前恶化，就和上级一同商量，是要给她进行气管插管还是继续无创治疗。我们都知道如果到了非得气管插管的地步，代表病情更加危重了，死亡率会很高。根据这位病人的情况判断，如果继续尝试无创治疗，虽然可能稳定下来，也很可能继续恶化，需要随时准备气管插管；但我们也担心一旦气管插管，这个人可能就再也醒不过来了。因为她是清醒的病人，我们需要提前和她沟通，进行安慰和准备，在我们与病人沟通时，她很明确地表示拒绝插管，想再尝试下其他无创治疗，相信自己能挺过去。本着医生的职业道德，也尊重病人自己的选择，我们再次尝试药物治疗，努力减轻她的焦虑和痛苦，并使用其他无创治疗，也做好随时插管抢救的准备。虽然病情可能随时加重，但我们努力使她安全地度过了一晚。第二天醒来她也变得更加坚强、乐观，还谢谢我们使她转危为安，然后继续积极配合治疗，努力吃饭，保证营养，而且进行适当锻炼促进恢复。我们也不断地鼓励、安慰、陪伴，看着她病情逐渐稳定好转，直到转出 ICU，两个月后康复出院。我同事中也有一个印象比较深刻的。因为我们刚开始的时候防护物资不是很足，有些医生就戴着普通的头罩、防护服来插管。在插管的时候气管可能会喷出很多飞沫，我们暴露感染的风险也就非常大。因此，在当时很多同事都会有一些焦虑担心的情况。有一个同事在给病人治疗后第二天就发烧了，他说他非常害怕，家里上有老下有小，心里很焦灼。然而他在被带去检查隔离了十天后，发现没有问题，就又一次地到前线来抗疫，并没有因为担心而停止不前。”

叶灵峰在谈及这三个多月的抗疫临床经历中，认为医生及家人对病人的关爱非常重要，要用言语去安慰鼓励他们，激发他们胜过疾病的信心。使徒保罗曾说：“如今常存的有信，有望，有爱；这三样，其中最大的是爱。”（林前 13：13）我想，在此次全民抗击新冠疫情期间，不也深刻体现了这一句话吗？面对未知又充满变异性的病毒，人们心中对国家和医务人员的信心、对战胜病毒重获平安的盼望、医务人员对所有患者无微不至的关爱就愈发显得重要。人民对国家有信心，因此全民上下积极配合，令行禁止，所以最短时间、最小损害地遏制了疫情的传播；确诊患者对国家和医务人员的信心，使他们愿意配合治疗，他们对健康的渴望又促使他们有乐观积极的心态，可以勇敢面对病毒带来的病痛，最终康复出院；国家和医务人员全心全意为人民服务，舍小家为大家的大爱，使全国上下众志成城，心向一处，披荆斩棘。最终我们遏制了疫情的传播，控制了感染人数，降低了死亡人数，并最短时间研发了疫苗，恢复了生产，再次向世界彰显了中国力量、大国风范、民族精神！

## 四、基督信仰，为抗疫助力

作为从小在基督教家庭中长大的叶灵峰，基督教信仰已经在不知不觉中影响他的人生，塑造他的品格。在谈及此次抗疫经历时，他深刻认识到信仰对他的帮助。他说："作为一名基督徒和一名医务工作者，我切实地认识到，前去抗疫是我义不容辞的责任。真确的信仰督促我勇敢向前，虽然前路未知，但我毫无畏惧，信仰给了我前行的力量。在当时防护物资匮乏、极具暴露风险的情况下，信仰让我知道这是我应该做的，我相信上帝一定会为我们开出路。在工作之余我经常祷告，把平安、健康放在上帝手中，我自己做好防护，尽职尽责地去救治病人，完成自己的责任，其他的事情都交给上帝。感谢上帝，在整个抗疫工作中，我焦虑的情绪很少，也没有什么害怕、紧张的时候，能以平时的正常心态投入工作，只是感觉多了一层防护服而已。说实话，穿防护服真的很难受，整个身体被裹起来，行动不便，闷热不安，呼吸不畅，我想若不是出于责任和防护，是没有人愿意穿这个的，更何况这一穿就是四个多小时。在这四个多小时中，我们还要完成很多的工作，着实不易。但基督的爱鼓励我平静下来，坚持下来，去安心完成自己该做的事情，尽量过好他赐给我的每一天。因此，信仰在我整个工作中起到了很大的作用，它给了我信心，让我能够坚持下来；它给了我盼望，让我没有恐惧，能够安静下来；它让我满怀爱心，能够在临床当中更多为病人着想，感同身受，体贴他们，怜悯他们，给他们更多的关爱和照顾；它也督促我警醒祷告，为自己，为同事，为病人，为国家。”

习近平总书记说：“人民有信仰，民族有希望，国家有力量。”在此次新冠疫情中，我们确实见证了信仰的力量。正是因为信仰，广大党员干部及志愿者冲锋在前，不惧生死；正是因为信仰，像叶灵峰一样的一大批医务人员、抗疫勇士才勇往直前，与新冠病毒生死较量，抢救生命。这也诚如巴金所说的：“支配战士行动的力量是信仰，他能够忍受一切艰难、痛苦，而达到他所选定的目标。”

信仰也许平时看起来默默无闻，但在关键时刻却给人以无比的勇气、坚定的信心。念念不忘，必有回响；不忘初心，方得始终。

## 五、居安思危，感恩与珍惜

在此次疫情中，许多医务人员牺牲在前线，许多的同胞没有走出病房。在生死面前，一切都显得不重要了。作为众多坚持到最后的抗疫勇士，叶灵峰也是感慨万千。回想那几个月艰难的抗疫经历，他满怀深情地说："我真的认为我现在还能健健康康地生活在世上，这是上帝的怜悯和恩典，他不仅拯救了我的灵魂，也让我在世上可以坦然地面对死亡，不会为自己的生死而担忧。现在的我只有感恩和珍惜：我感恩上帝，因为我还活着；我感恩国家，她培养了我，造就了我，赋予我医病救人的技能；我感恩单位，她信任我，让我有机会参与此次抗疫行动；我感恩家人，是他们毫无保留的支持让我勇敢地走到底。现在疫情还没有结束，也不知道什么时候才能结束，但我却要珍惜眼前，珍惜身边的人和事。相对于转瞬即逝的生命，有什么是放不下的？有什么比拥有今天还更宝贵？生命真的很脆弱，珍惜眼前，活在当下。"

是啊，在此次新冠疫情中，多少的人永远离开这个世界，相对于他们，我们真的应该满怀感恩，我们也确实应该珍惜当前的生活，珍惜那些陪伴我们的家人、朋友。因为感恩，所以珍惜；因为珍惜，所以感恩。叶灵峰曾说："在休息之余，我时常在想我们可以从这次疫情中学到什么……《圣经》上说我们是世上的光，我们是世上的盐，当我们明白了救恩之后，就更应该在上帝恩典的激励下遵道行道，活出基督徒当有的生命。我们爱，因为神先爱我们。既然上帝让我们还活着，那就满怀感恩，服务社会，爱国爱教，荣神益人；既然主耶稣还未到来，那就警醒等候，努力生活，珍惜家人，珍惜自己，珍惜生活，珍惜时光，珍惜每一天，过好每一天。"这也许就是在感恩之余对珍惜最好的表达。

在谈及如果还有类似情况时，是否还会义无反顾地走上前线，叶灵峰想也没有想就坚定地说："会，我在这里，我就会走上前去，不会因为曾经已经上过，明白其中的艰辛就不去了，我还会像第一次一样，勇往直前，初心不变。"

此情此景，恰如臧克家的《有的人》：

有的人活着，
他已经死了；
有的人死了，
他还活着。

是啊，这世界哪有什么岁月静好，只是有人为我们负重前行！有道是"疾风知劲草，板荡识诚臣"，在那中华民族生死存亡的危急时刻，无数仁人志士抛头颅洒热血，终于换来了我们今天富强独立的幸福生活；在疫情肆虐人人自危的时刻，这群白衣侠士、抗疫英雄逆流直上，不顾个人安危，舍小家为大家，于是我们才得以快速恢复正常生活，继续努力前行。疫无情，医有情；疫无情，人有情！像叶灵峰一样的逆流勇士、抗疫英雄值得我们尊敬，值得我们学习！那些为中华民族的独立自强，为国家的繁荣昌盛，为人民的安居乐业奉献自己、做出巨大贡献的国之贤士，他们值得我们歌颂与推崇！文字无法记录他们对这个民族的贡献，也无法表达我们对他们的感恩。但大道昭昭，滚滚历史，时间终将证明他们是最亮的明星！

（作者系河南省基督教两会同工、河南神学院教师）